AF545508

GELASSENHEIT LERNEN

Gelassen werden auf Knopfdruck

Wie Sie durch effektive Atemtechniken, Achtsamkeit und positive Glaubenssätze ganz einfach Stress bewältigen und sofort innerlich zur Ruhe kommen

INHALT

Einleitung

Der Wecker klingelt. Sie nehmen sich wie jeden Morgen vor, sich heute mal nicht über so viele überflüssige Dinge aufzuregen und einfach die Dinge so zu nehmen, wie sie kommen. Eine Stunde später stehen Sie im Stau und die guten Vorsätze sind längst vergessen. Sie sind voller Wut und hadern mit der Situation, schließlich kommen Sie jetzt zu spät zur Arbeit. Und das, weil vermutlich irgendjemand zu langsam fährt oder einfach zu blöd ist zum Fahren. Mit etwas Verspätung kommen Sie dann endlich irgendwann an der Arbeit an und sind bereits am frühen Morgen verschwitzt und gestresst. Keine gute Ausgangslage für den Tag.

So oder so ähnlich geht es sicher vielen von Ihnen. Und wer kennt sie nicht, solche Situationen, in denen der Ärger in einem kocht über Situationen, die sich eigentlich überhaupt nicht ändern lassen, egal, ob mit oder ohne Stress und Wut.

Das Schlüsselwort für solche nervenaufreibenden Situationen heißt „Gelassenheit". Wer gelassen bleibt und im Leben mit Gelassenheit auf den Tag zugeht, wird ein zufriedeneres Leben leben und viele Nerven sparen. Gelassenheit kann in allen Lebenslagen hilfreich und von Vorteil sein. Sie ist wie eine Art magische Kraft, die jede Situation nur verbessern kann.

Mit Gelassenheit können Sie viel besser mit Stress jeglicher Art umgehen und dabei einfach Sie selbst sein. Sie lassen sich dadurch einfach viel weniger von Einflüssen aus der Außenwelt beeinflussen und können dadurch Ihr Leben besser genießen. Auch Beziehungen können sich mit einer Portion Gelassenheit merklich verbessern. Und wenn Sie mit Schicksalsschlägen zu kämpfen haben, wird Ihnen auch hier die Gelassenheit ein guter Helfer sein, um diese zu bewältigen.

Man kann sagen, wer gelassen bleibt und die Dinge so annimmt, wie sie sind, der lebt einfach besser und laut verschiedenen wissenschaftlichen Studien sogar länger. Menschen, die gelassen bleiben, sind meist gesünder, sowohl körperlich als auch geistig.

Doch was ist Gelassenheit überhaupt genau? Diese Frage und wie Sie Gelassenheit lernen und im Alltag umsetzen können, soll in dem folgenden Ratgeber beantwortet werden. Mit vielen Tipps, Tricks, hilfreichen Kopiervorlagen und praktischen Beispielen können Sie Gelassenheit lernen und ein entspannteres, zufriedeneres Leben führen.

Kapitel 1: Was ist „Gelassenheit"?

Ein schönes und passendes Zitat von dem amerikanischen Theologen Reinhold Niebuhr lautet folgendermaßen: *„Gott, gib mir die Gelassenheit, Dinge hinzunehmen, die ich nicht ändern kann, den Mut, Dinge zu ändern, die ich ändern kann, und die Weisheit, das eine vom anderen zu unterscheiden."* Doch was ist „Gelassenheit" überhaupt?

Den Begriff Gelassenheit kann man auch mit den Worten „Gemütsruhe", „Ausgeglichenheit", „Bedacht", „Fassung", „Gefasstheit", „Gleichmut" oder „Selbstbeherrschung" beschreiben. Auch Begriffe wie „Geduld" oder „Charakterstärke" beschreiben den Begriff „Gelassenheit".

Gelassenheit beschreibt die Fähigkeit, besonders in schwierigen Situationen und Lebenslagen ruhig und gefasst zu bleiben und einen kühlen Kopf zu bewahren. Es ist die Eigenschaft, Situationen und Gegebenheiten so anzunehmen, wie sie gerade sind. Menschen, die gelassen sind, können in sehr aufreibenden oder stressigen Situationen ruhig bleiben und lassen sich von den Umständen auch nicht oder nur sehr wenig verunsichern. Dadurch schaffen sie es, mit Vernunft die vorliegenden Gegebenheiten oder Sachverhalte so wie sie sind wahrzunehmen, ohne Emotionen mit hineinzupacken und können so unbeeinflusst reagieren, entscheiden und entsprechend handeln.

Gelassenheit bedeutet eine innere Ruhe, mit der Sie nichts aus der Fassung bringen kann.

Es gibt einige sehr passende Zitate von Personen, mit denen man Gelassenheit noch besser erklären und verstehen kann:

> "Ein heiterer Tag ist wie ein grauer, wenn wir ihn ungerührt ansehen."
>
> *Johann Wolfgang von Goethe (1749 bis 1832), deutscher*

Dichter der Klassik

“Gelassenheit ist eine anmutige Form des Selbstbewusstseins.”

Marie Freifrau von Ebner-Eschenbach (1830 bis 1916), österreichische Erzählerin

“Von der Gelassenheit bis zur gelassenen Heiterkeit ist es noch ein weiter Weg.”

Deutsches Sprichwort

“Was in der Welt dir nicht gefällt, musst du dir gelassen gefallen lassen.”

Paul von Heyse (1830 bis 1914), deutscher Romanist und Novellist

„Wer seinen Willen durchsetzen will, muss leise sprechen."

Jean Giraudoux (29.10.1882 bis 31.01.1944); französischer Berufsdiplomat, Drehbuchautor und Schriftsteller

Gelassenheit ist einfach und kurz gesagt „Nichts-tun“, doch nicht gleichzusetzen mit einer „Scheissegal-Einstellung“. Es ist auch keine Gabe. Es mag von außen zwar den Anschein haben, dass gelassenen Menschen viele Dinge einfach egal sind, doch dem ist nicht so. In Wirklichkeit schaffen es gelassene Menschen einfach, ihre innere Haltung so zu ändern, dass eine innere Ruhe in Ihnen herrscht. Und so kommen wir wieder zu dem Beispiel vom Anfang. Der Stau und die gesamte Situation sind so wie sie ist. Auch wenn Sie sich aufregen, bleibt die Situation die gleiche. Warum also sich selbst das Leben schwer machen und mit

Dingen hadern, die sich doch nicht ändern lassen.

Wer sich über jeden und alles eine Meinung bildet regt sich auch viel auf. Dabei verliert man den Blick für das Wesentliche, nämlich für sich selbst. Versuchen Sie deshalb, sich nicht über alles und jeden Gedanken zu machen und eine Meinung darüber zu bilden. Halten Sie inne und bleiben Sie ruhig. Sparen Sie sich Ihre Nerven, statt sich über andere aufzuregen. Sie können beobachten, hin- und zuhören und einfach Zuschauer sein, lassen Sie jedoch keinen Zorn und Ärger aufkommen, der nur unnötig Energie frisst. Durch das ständige Verurteilen und Kritisieren anderer halten Sie sich permanent vor Augen, was Sie nicht mögen und diese Stimmung verselbständigt sich, sodass Sie nur noch das sehen, was Sie nicht mögen. Wenn Sie nur beobachte ohne zu urteilen, werden Sie viel ruhiger und bald viel mehr schöne Dinge wahrnehmen. Und genau diese Dinge sind es, die Sie genießen sollten, denn das macht glücklich.

Ein Mensch, der mit Gelassenheit reagiert, hat eine andere Haltung zu der Situation. Statt sich aufzuregen und seine eigenen Nerven zu strapazieren, denkt er sich in Situationen wie beispielsweise dem Stau wie angenehm es doch ist, noch etwas mehr Zeit zu haben, um sich zu entspannen bevor der stressige Arbeitsalltag beginnt. Ein gelassener Mensch ist sich im Klaren darüber, dass sich der Stau durch Ärger auch nicht schneller auflöst, nimmt die Situation an, wandelt sie in etwas Positives um und macht so das Beste daraus.

Doch wie schafft man das? Wie kommt man zu dieser inneren Ruhe? Wie kann man Gelassenheit lernen und so leichter leben? Eines ist ganz klar: Gelassenheit bei Ihnen selbst, nämlich im Kopf.

WARUM MENSCHEN IMMER SO GESTRESST SIND

Das Leben ist ein ständiges Hoch und Runter mit Bergen und auch tiefen Tälern. Man macht Pläne, die aber am Ende nicht aufgehen, weil meistens doch alles anders kommt und Dinge geschehen, die man nicht mit einkalkuliert hat. Viele eilen mit Tempo durch die Tage und ihr Leben und sind dabei geplagt von Ängsten, Druck und Stress. Jeder muss immer irgendwohin, um irgendetwas zu erledigen und man versucht tausend Probleme gleichzeitig zu lösen. Eigentlich möchte man doch nur ganz entspannt sein Leben leben und das Hier und Jetzt genießen, doch bevor man sich versieht läuft alles aus dem Ruder und es kommt zu einem Wechselbad der Gefühle. Nichts läuft so wie es soll und wie es geplant war. Ständig muss man umdenken und auf neue Situationen reagieren. Der Traum von einem entspannten Leben rückt mehr und mehr in die Ferne. Täglich geschehen Dinge, die beweisen, dass wir in keiner heilen Welt leben und viel Unverhofftes zu Ärger und Frust führen kann. Wie soll man da bitteschön gelassen bleiben, das geht doch gar nicht. Und mal ganz ehrlich, ist es nicht sowieso viel einfacher, sich von den Gefühlen leiten zu lassen und bei jeder Kleinigkeit die Nerven und das innere Gleichgewicht zu verlieren? Die Gefühle raffen uns in solchen Situationen einfach dahin und wir lassen es zu. Zumindest macht es so den Anschein.

Einschneidende Erlebnisse im Beruf, Kriege, Terrorismus und Familienzwiste lösen Angst und Wut aus, wahrscheinlich auch Hilflosigkeit, Panik und Depressionen. Man wünscht sich, es gäbe eine Möglichkeit, solchen Gefühlen aus dem Weg zu gehen, um endlich einmal richtig abschalten zu können, anstatt Tag täglich im Kopf die gleichen Probleme umher zu wälzen. Man hätte gerne eine andere Einstellung zu den Problemen, eine Einstellung, die einem den Umgang damit einfacher macht und das Hochkochen der Gefühle erspart. Schließlich gibt es ja die wenigen Menschen, die genau dies können. Man fragt sich gleichzeitig, wie es diese besonderen Menschen schaffen, in Krisen stark und souverän zu bleiben, ohne ihre Handlungsfähigkeit zu verlieren. Auch Sie wünschen sich vielleicht immer wieder, Probleme aktiv anzupacken und mit Zuversicht zu bewältigen, anstatt vor ihnen davon zu laufen.

Genau dies und noch einiges mehr soll Lerninhalt dieses Ratgebers sein. Sie werden lernen, all das, was auf Sie zukommt, in aller Ruhe zu bewerten und realistisch zu sehen. So werden Sie vieles gleich zu Beginn schon um einiges gelassener sehen. Außerdem lernen Sie, sich zu entspannen und abzuschalten, wann immer es Ihnen danach ist. Durch das Erlernen von mehr Gelassenheit können Sie Ihre Probleme neu und anders bewerten und so zu einem besseren Leben gelangen, ein Leben welches mehr zu Ihren Wünschen und Ihren persönlichen Bedürfnissen passt.

In jeder Situation sind Sie eigentlich nur ein paar wenige Gedanken von Ihrem inneren Frieden entfernt. Es liegt in Ihrer Hand, ob Ihnen Ihre Gedanken Stress und Ärger bereiten, oder ob Sie mit Hilfe einer anderen Einstellung zu innerer Gelassenheit kommen. Gelassenheit kann jeder lernen, einzig und allein Ihre Gedanken öffnen Ihnen die Tür dorthin.

Kapitel 2: Innere Ruhe trainieren – Gelassenheit beginnt im Kopf

Denken Sie mal darüber nach, ob Sie sich Ihrer Gedanken immer bewusst sind und diese wahrnehmen. Oder überkommt Sie immer ganz unbewusst ein Gedankenstrudel, ohne dass Sie es bemerken? Um bewusst zu denken, müssen Sie sich Ihrer Gedanken als erstes einmal bewusst werden. Es gibt verschiedene Möglichkeiten, wie Sie sich für Ihre eigenen Gedanken sensibilisieren können und gerade bei negativen Gedanken die Gewichtung auf diese zu verringern. Dafür können Sie verschiedene Übungen wie Achtsamkeits- oder Entspannungsübungen in Form von Autogenem Training oder Progressiver Muskelentspannung durchführen.

Der tibetanische Buddha Sogyal Gyaltsen Lakar Rinpoche sagte zu unseren Gedanken einst folgendes:

„So wie der Ozean Wellen hat oder die Sonne Strahlen, so sind Gedanken und Emotionen die dem Geist eigene Strahlung. Der Ozean hat Wellen, er lässt sich aber von Ihnen nicht besonders stören. Wellen gehören zur Natur des Ozeans. Sie erheben sich, doch wohin gehen sie? Zurück in den Ozean. Und wo kommen die Wellen her? Aus dem Ozean. Gleichermaßen sind Gedanken und Emotionen die Strahlung und der Ausdruck der Natur des Geistes selbst. Sie entstehen aus dem Geist und wohin lösen sie sich auf? Zurück in den Geist. Was immer auch erscheint, sehen Sie es nicht als besonderes Problem. Wenn Sie nicht impulsiv reagieren, sondern geduldig bleiben, wird es wieder in seiner essentiellen Natur zur Ruhe kommen.“.

Wenn wir also unseren Gedanken offen und neutral begegnen und diesen nicht eine so große Gewichtung zukommen lassen, werden Sie automatisch gelassener werden. Sie müssen also zunächst lernen, sich nicht in jeder Situation von Ihren Gedanken leiten zu lassen, erst dann können Sie bewusst anders denken, um so zu mehr innerer Ruhe zu finden. Dadurch werden Sie gelassener, glücklicher und mutiger, weil Sie wissen, nichts kann Sie aus der Fassung bringen.

GELASSENHEIT LERNEN

Gelassenheit können Sie lernen, indem Sie sich selbst bewusst beobachten und gezielte Strategien, die zu mehr Gelassenheit im Leben führen, trainieren und im Alltag anwenden. Es geht dabei darum, alte Verhaltensmuster, Ansichten, Wertesysteme und Glaubenssätze bewusst bei sich selbst festzustellen, zu bewerten und anschließend bei Bedarf zu ändern.

Mit der richtigen inneren Einstellung können Sie es schaffen, mehr innere Ruhe, Gelassenheit Zufriedenheit und Glück zu erlangen. Sie können negative Gedanken und Einstellungen, die Sie vielleicht schon seit Jahren in sich tragen, ganz bewusst ändern und dadurch positives Denken gezielt trainieren. Natürlich heißt das nicht, dass Sie nie wieder traurig, genervt oder unglücklich sein dürfen, denn diese Emotionen gehören zum Leben dazu und geben eine Art Kontrast. Doch mal ganz ehrlich, wer möchte schon gerne dauerhaft Trübsal blasen oder keinen richtigen Spaß am Leben haben, nur weil manche Situationen eben so sind, wie sie sind? Das raubt Kraft und Energie und hindert Sie letztlich daran, Ihre Potentiale zu entfalten und glücklich zu sein. Gelassenheit üben ist ähnlich wie das Training im Fitnessstudio: Der Körper wird Stück für Stück trainiert und die Muskeln immer stärker. Sie erlangen mehr Wohlbefinden und fühlen sich in Ihrem Körper wohl, was zu einem Glücksgefühl führt. Gehen Sie also auch Ihrem persönlichen Wohlbefinden entgegen, indem Sie immer wieder üben, in bestimmten Situationen anders zu reagieren als bisher. Üben Sie dies ein für einen längeren Zeitraum und wiederholen Sie es immer wieder. Auch wenn es nur kleine Veränderungen sind, werden Sie feststellen, dass diese doch große Wirkung auf Ihr Wohlbefinden und Ihren Stresspegel haben und Ihr Leben positiv verändern werden.

Auch, wer immer nur über alles nörgelt und sich beschwert, macht diese Ansicht der Dinge zum Mittelpunkt seines Lebens. Die negative Sicht auf die Dinge manifestiert sich auf Ihre Ansichten im Alltag, wodurch Ihr persönliches mit Unzufriedenheit bestücktes Weltbild entsteht. Sie trainieren durch das dauernde Beschweren über Dinge, sich selbst mit negativen Dingen zu belasten. Hören Sie auf, sich ständig über unnötige Dinge, Sachverhalte oder Personen zu beschweren und sich selbst damit zu belasten. Nehmen Sie sich auch diese Last von den Schultern und laden Sie sich nicht immer wieder neue Last auf. Das Leben ist leichter ohne schweres Gepäck und Last auf den Schultern.

Um diese Veränderungen herbei zu führen, müssen Sie sich zunächst einige Fragen stellen und sich über so manches bewusst werden. Finden Sie heraus, warum Sie in stressigen Situationen überhaupt so reagieren, wie Sie es in diesem Moment tun und warum Sie nicht die innere Ruhe bewahren konnten. Welche Ursachen könnten dahinterstecken? Vielleicht könnten folgende Ursachen zu Grunde liegen:

- Sie waren vielleicht früher schon einmal in solch einer Situation und fühlten sich dabei unterlegen, was kein schönes Gefühl war.
- Vielleicht hatten Sie andere Erwartungen an die Situation oder beteiligte Personen und wurden enttäuscht.
- Sie gingen möglicherweise bereits im Vorfeld mit einer negativen Einstellung und Vorurteilen an die Sache ran.
- Sie kennen vielleicht Ihrer eigenen unbewussten Motive und Ansichten gar nicht und sind in manchen Situationen einfach überfordert.
- Vielleicht verspüren Sie in manchen Situationen, wie Ihnen die

Kontrolle entgleitet und der Kontrollverlust führt zu einem Gefühl des hilflosen Ausgeliefertseins.

Stellen Sie sich anschließend selbst einige wichtige Fragen:

- War ich schon einmal in solch einer oder einer ähnlichen Situation und wie habe ich dabei reagiert? Begegnen mir solche Situationen immer wieder? Welche Folgen hat die Situation und gibt es vielleicht ein immer wiederkehrendes Muster dabei?
- Welche Gefühle löst die Situation bei mir aus? Wodurch genau kommt es zu diesen Gefühlen? Wie reagiert mein Körper dabei?
- Gibt es Möglichkeiten für mich, die Situation angemessen zu lösen? Kann ich sie vielleicht positiv beeinflussen? Welche Lösungswege haben welche Konsequenzen für mich oder auch für andere?
- Besteht die Möglichkeit, die Situation vielleicht im Vorhinein zu ändern? Habe ich vielleicht Einfluss auf den Verlauf der Situation? Kann ich mich dem Problem vielleicht entziehen und welche Konsequenzen bringt dies dann mit sich? Kann ich damit leben, wenn ich das Problem ohnehin nicht ändern kann? Wenn nein, wie kann ich die Situationen annehmen und lernen zu akzeptieren?

WIE KOMMT ES ÜBERHAUPT ZUM INNEREN KONFLIKT UND WAS BEEINFLUSST UNSERE REAKTIONEN?

Um auf diese Frage eine Antwort zu bekommen, muss man sich darüber klar werden, welche Erfahrungen und Glaubenssätze man im Laufe des Lebens durch unterschiedliche Situationen gesammelt und verinnerlicht hat. Jede Erfahrung wird mit einem dazugehörigen Glaubenssatz im Gehirn abgespeichert und bei ähnlichen Situationen immer wieder als Grundlage herangezogen, selbst wenn die Situationen anders zu lösen wären. Jede Situation wird durch das Gehirn mit bereits abgespeicherten

Erfahrungen verglichen und löst eine Reaktion aus, die durch ähnliche Erfahrungen erlernt wurde. Es ist eine Kette von Reaktionen, die ganz unbewusst und vollautomatisch abläuft.

Zusätzliche Faktoren wie das gesellschaftliche Wertesystem, in dem Sie sich befinden, Ihre eigenen Werte und Ansichten, Bedürfnisse und auch Traditionen beeinflussen noch zusätzlich Ihre Reaktion. Vor allem die eigenen Werte und Ansichten sollten Sie nicht unterschätzen, denn diese bestimmen maßgeblich Ihre Reaktion, Ihr Denken und Ihr Handeln. Die eigenen Werte sind es, die Ihren Alltag und Ihr Leben bestimmen, sie geben Ihnen die Energie und den Antrieb für alles, was Sie tun. Das Loslassen alter Werte und Ansichten ist daher einer der wichtigsten Schritte in Richtung mehr Gelassenheit.

Zum einen ist der Mensch nun mal ein Gewohnheitstier, denn Gewohnheiten und vertraute Dinge geben uns Sicherheit, selbst wenn diese Dinge uns nicht gut tun oder sogar schaden. Vermeintliche Freundschaften oder Beziehungen machen eigentlich mehr unglücklich als glücklich. Der Beruf oder andere Tätigkeiten haben keinen positiven Reiz, sind nicht zufriedenstellend und führen so eher zu Stress und machen unzufrieden. Solche Dinge wirken sich natürlich auf das ganze Leben und den Alltag aus. Denken Sie mal darüber nach, Ihrem Leben vielleicht eine Perspektive zu bieten, eine andere Richtung einzuschlagen. Schaffen Sie neue Impulse. Sicher haben Sie darüber schon mehr als einmal nachgedacht. Doch leider bleibt es meist beim „Darübernachdenken“. Der Mensch tut sich oft schwer, Theorien oder Wünsche in die Tat beziehungsweise in die Praxis umzusetzen und seine sichere Höhle zu verlassen, um auf neuen Pfaden zu wandeln. Neuland zu betreten bedeutet ja schließlich auch immer irgendwie Ungewissheit, Unsicherheit und Aufregung, vielleicht sogar auch etwas Gefahr. Man weiß nicht, was kommt und wie das „Neue“ sein wird. Also belassen wir es beim Alten.

Um Platz für neuen frischen Wind zu schaffen, müssen Sie alte Gepflogenheiten und Denkweisen loslassen, denn sie führen in eine

Sackgasse. Schaffen Sie Platz für Neues, für beflügelte Ideen und Inspirationen.

Werden Sie sich Ihrer ganz individuellen Ansichten und Werte einmal bewusst. Was treibt Sie an und motiviert Sie in Ihrem Tun? Dies herauszufinden ist für die Eigenreflexion ein zentraler Baustein.

Um Gelassenheit zu lernen ist es wichtig, Situationen und Gegebenheiten zunächst ganz objektiv ohne Wertung zu beurteilen, um anschließend überlegt und mit kühlem Kopf handeln zu können. Doch diese Fähigkeit entwickelt sich nicht einfach so über Nacht, man muss es immer wieder bewusst üben, bis es unbewusst von selber abläuft. Vermutlich scheint Ihnen die Auflistung der oben genannten Dinge, die Sie in brenzlichen Situationen alle tun sollen, unmöglich umsetzbar. Daher ist zunächst das allerwichtigste, den Teufelskreis von Stressreaktionen zu unterbrechen und eine Situation einfach nur von außen zu beobachten. Ziehen Sie Schlüsse daraus. Seien Sie vor allem auch geduldig und wohlwollend mit sich selbst, es braucht alles seine Zeit, auch das Gelassenbleiben muss erst trainiert werden. Lassen Sie sich auch nicht von Rückschlägen ins Boxhorn jagen und geben Sie bitte auf keinen Fall auf. Üben Sie weiter. Irgendwann wird die innere Ruhe von selber arbeiten.

IHRE EIGENEN BEDÜRFNISSE ERMITTELN

Um sich selbst besser kennenzulernen und herausfinden, warum Sie in welcher Situation genau so reagieren, wie Sie es tun, ist ein weiterer wichtiger Faktor, Ihre eigenen Bedürfnisse zu kennen. Welche Bedürfnisse sind für Sie am wichtigsten und müssen auf jeden Fall befriedigt werden und warum?

Um dies herauszufinden, ist die folgende Bedürfnispyramide nach dem amerikanischen Psychologen Abraham Maslow eine hilfreiche Grundlage.

Das Prinzip der Bedürfnispyramide beruht darauf, dass manche Bedürfnisse vor anderen Vorrang haben und wichtiger sind. Die Luft zu Atmen und Wasser, um nicht zu verdursten braucht der Mensch zum Beispiel viel dringender als ein neues Auto.

Die Pyramide besteht aus den folgenden fünf Kategorien:

- Die Grundbedürfnisse oder physiologischen Bedürfnisse sind alle jene Bedürfnisse, die Sie zum Leben brauchen wie Essen, Trinken, Schlaf und so weiter.
- Sicherheitsbedürfnisse dienen Ihrer eigenen Sicherheit, dazu zählen zum Beispiel Schutz und Geborgenheit, materielle Grundsicherung, Arbeit, Familie und Gesundheit.
- Sind die vorherigen Bedürfnisse befriedigt, hat der Mensch einen starken Drang nach sozialen Beziehungen. Dinge wie Freundschaft, Liebe und die Zugehörigkeit zu einer Gruppe zählen demnach zu den sozialen Bedürfnissen.
- Im vorletzten Teil der Pyramide finden Sie die individuellen Bedürfnisse, die sogenannten Ich-Bedürfnisse, dazu gehören zum Beispiel Anerkennung und Geltung, Erfolg, Freiheit, Unabhängigkeit und

Vertrauen.

- Die Spitze der Pyramide bildet das Streben nach Selbstverwirklichung. Der Mensch will seine Fähigkeiten, seine Potentiale und seine Kreativität ausleben, sich weiterentwickeln, sein Leben nach seinen Vorlieben gestalten und diesem so einen Sinn geben.

SITUATION EINSCHÄTZEN UND ANNEHMEN, KONTROLLZWÄNGE LÖSEN

Um in besonders schwierigen Situationen und Lebenslagen gelassen zu bleiben und die innere Ruhe zu bewahren, sollten Sie sich unbedingt immer wieder zu fragen, ob es die Dinge wert sind, sich jetzt darüber zu ärgern und Nerven zu verschwenden. Fragen Sie sich, ob die Situation denn zu ändern wäre. Ist dies der Fall, dann tun sie es. Stellen Sie aber fest, dass die Situation ausweglos ist und nicht zu ändern, dann akzeptieren Sie sie, wie sie ist und nehmen Sie sie an. Versuchen Sie, von vorneherein Situationen einzuschätzen und in „änderbar“ oder „nicht zu ändern“ zu kategorisieren.

Auch bei schweren Schicksalsschlägen und persönlichen Krisen müssen Sie sich darüber bewusst werden, wie Sie fortan das Leben weiterführen möchten. Wie soll die Situation bewältigt werden, um nach vorne schauen zu können. Das Leben hält immer wieder Veränderungen bereit, leider nicht nur positive. Manifestiert sich durch Schicksalsschläge zum Beispiel Angst, kann es auf Dauer zu den dazugehörigen physiologischen Auswirkungen auf den menschlichen Körper kommen. Dieser ist ein Urinstink. Ohne diesen Urinstinkt würde es uns Menschen heute nicht mehr geben. Durch Angst können wir ungeahnte Kräfte freisetzen, die uns in schwierigen Situationen unter Umständen das Leben retten können. Da wir aber heutzutage eher selten vor einem Säbelzahntiger fliehen oder gar mit diesem kämpfen müssen, kommen die Ängste und ihre physiologischen Auswirkungen anderweitig zum Vorschein und können einem das Leben nicht unerheblich erschweren. Versuchen Sie deshalb, unnötige Ängste abzulegen und nicht weiter zu befeuern. Bleiben Sie auch in schwierigen Situationen ruhig und bewahren Sie einen kühlen Kopf. Von Gefühlen und Emotionen sollten Sie sich nicht leiten lassen. Bleiben Sie sich selbst treu und äußern Sie aktiv, was Sie stört und bedrückt. Fressen Sie nichts in sich hinein, denn dadurch lösen sich Probleme nicht.

Veränderungen, egal in welche Richtung, können nur mit Akzeptanz gelassen gesehen werden. Ansonsten wird Ihr Leben in der Vergangenheit weiter stattfinden und Sie werden immer nur an die „guten alten Zeiten" denken und Trübsal blasen, obwohl die Zukunft – wenn auch anders - schön sein kann und viele Freuden bereithält. Sie fallen in die Opferrolle und es bringt Sie keinen Schritt weiter nach vorne. Übernehmen Sie stattdessen Verantwortung, verlassen Sie die Opferrolle, denn Sie sind keins. Um unser Selbst möglichst positiv wahrzunehmen, suchen wir meist die Schuld für negative Dinge bei anderen. Doch eigentlich bedeutet dies, dass wir es nicht schaffen, selbst für etwas die Verantwortung zu übernehmen, denn das wäre kein gutes Gefühl. Einfacher ist es daher, anderen die Schuld zu zuschieben. Doch ist das auch wirklich so? Eigentlich nicht, denn es ist sehr wohl ein gutes Gefühl, selbst für etwas gerade zu stehen und so aus der Rolle des armen Opfers herauszuschlüpfen. Sie haben Ihre Lage selber und alleine in der Hand. Es sind nicht die anderen, die Ihr Leben bestimmen und daran schuld sind, dass Sie sich über etwas aufregen. Es liegt ganz an Ihnen selbst, ob Sie sich von Ihren Gefühlen überwältigen lassen und die Nerven für Belanglosigkeiten verlieren oder nicht. Sie können die Dinge positiv beeinflussen und stärken damit auch noch Ihr Selbstwertgefühl und erlangen Selbstsicherheit und Vertrauen in die Dinge, die Sie tun.

Konzentrieren Sie sich daher besser auf die Dinge im Leben, die Sie verändern können und schließen Sie mit Altem ab. Nehmen Sie Ihr Schicksal an. Nehmen Sie die Situation an wie sie ist, nur so können Sie

Lösungen entwickeln. Zu akzeptieren, dass Dinge so sind wie Sie sind, ist der erste Schritt in die richtige Richtung, nämlich geradewegs in Richtung Lösung des Problems.

Auch Fehler sind da, um aus ihnen zu lernen. Sie sind wichtig, um neue Perspektiven und Lösungen zu finden. Wer aber auf Dauer alten Fehlern und ungenutzten Chancen hinterhertrauert, wird nie glücklich werden. Wenn Sie immer nur an die Vergangenheit denken und an trübe oder ärgerliche Momente, kommen Sie aus dem negativen Gedankenkarussell nicht mehr raus. Doch alles, was in der Vergangenheit liegt, ist nicht mehr zu ändern. Schauen Sie lieber auf das Hier und Jetzt und in die Zukunft und machen Sie das Beste daraus. Schmieden Sie Pläne, auf die Sie sich freuen und lassen Sie Vergangenes ruhen. Schließen Sie damit ab und vor allem vergeben Sie sich selbst. Fehler gehören zum Leben dazu und sollten Sie nicht entmutigen, denn eigentlich sind Sie Chancen für neue Wege und Lösungen. Lassen Sie negative Gedanken gar nicht erst zu. Wie heißt es immer so schön? „Hinfallen, aufstehen, Krone richten, weiter machen."

Lösen Sie sich auch von Kontrollzwängen. Wer kennt es nicht, das Sprichwort „Vertrauen ist gut, Kontrolle ist besser". Doch eigentlich ist dieses Sprichwort verkehrtherum, denn wer alles im Leben versucht zu kontrollieren, der endet immer wieder in Frustration. Fakt ist, alles, was um uns herum geschieht zu kontrollieren, ist nicht möglich. Das Leben bietet ein ständiges Auf und Ab mit unvorhersehbaren Situationen und genau das macht das Leben so spannend und abwechslungsreich. Anstatt also alles zu kontrollieren und dann doch enttäuscht zu werden, sollten Sie sich, Ihrem Umfeld und dem Leben mehr Vertrauen schenken, denn das Leben steckt nun mal voller Überraschungen. Lassen Sie sich treiben und versuchen Sie, zu vertrauen anstatt zu kontrollieren.

Eine weitere ganz typische Ursache für das eigene Unglücklichsein ist Neid. Wir erwarten zu viel von anderen Menschen, stellen zu hohe Ansprüche an uns selber und vergleichen uns ständig mit anderen.

Immer haben andere Leute das vermeintlich Bessere, Größere oder allgemein viel mehr. Es fehlt uns immer an dem, was andere haben und wir hadern mit uns und unserem Leben, weil wir das nicht erreicht haben was die anderen geschafft haben. Neid ist ein ständiger Begleiter, wenn man ihn zulässt, gerade in unserer Gesellschaft, wo Leistung alles ist, was zählt und jeder nach Glück und Erfolgt strebt. Neid zerstört das Leben. Er treibt uns ständig vor sich her und führt dazu, dass wir irgendwann müde einsacken und feststellen, dass wir statt zu Leben nur irgendwelchen Erwartungen hinterhergerannt sind.

Lassen Sie Neid also nicht zu. Konzentrieren Sie sich auf sich selbst und auf Ihre eigenen Fähigkeiten und auf das, was Sie haben. Seien Sie dankbar und zufrieden damit und vertrauen Sie sich selbst. Ohne Neid tragen Sie eine schwere Last weniger auf Ihren Schultern.

Kapitel 3: Schritt für Schritt zu mehr Gelassenheit

SCHRITT 1: DER WEG ZUR INNEREN RUHE

Eine Situation oder Handlung ganz bewusst wahrzunehmen und dabei sachlich zu beobachten hängt alleine von Ihrem Willen ab. Diese Fähigkeit unterliegt einem dauerhaften Training mit langfristigen Übungen. Die Voraussetzung dafür ist allerdings, sich immer wieder selbst zu reflektieren.

Fragen Sie sich, wie Sie in die aktuelle Situation hineingeraten sind. Wie haben Sie dabei gehandelt? Schauen Sie dabei unbedingt auf Ihre Stärken und Schwächen, welche waren im Vordergrund und haben Sie zu Ihrem Handeln bewegt? Wer ist in dieser Situation mit beteiligt und wie fühlen Sie sich dabei? Gibt es eine Möglichkeit, die Situation zu einem positiven Ausgang zu führen?

Um zur inneren Ruhe zu finden, ist es empfehlenswert, sich jeden Tag eine halbe Stunde Zeit für sich selbst zu nehmen und den Tag zu reflektieren. Fragen Sie sich:

- Wie war mein heutiger Tag?
- Was war positiv und was negativ?
- Warum waren manche Gegebenheiten positiv und woran lag es?
- Haben Sie vielleicht selber für eine positive Situation gesorgt?
- Warum waren manche Situationen nicht so schön und warum?
- Haben Sie möglicherweise durch Ihre Reaktion den Ausgang der Situation negativ beeinflusst?
- Welchen Lernfaktor können Sie daraus ziehen und in Zukunft besser machen?

Vielleicht fragen Sie sich jetzt, wozu der ganze Aufwand dienen soll. Sich selbst zu reflektieren und besser kennenzulernen ist ein wichtiger Aspekt, um zur inneren Ruhe und zu mehr Gelassenheit zu finden ist, die eigenen Stärken und Schwächen herauszufinden, um anschließend daraus zu lernen. Wenn Sie sich diese Eigenschaften von sich selbst bewusst machen, schaffen Sie es, Ihr Handeln in bestimmten Situationen entsprechend anzupassen.

Legen Sie sich eine Art Tagebuch an, in dem Sie Ihre Tage reflektieren und über Lösungen nachdenken. Schreiben Sie dies in einer Tabelle nieder. So sind Sie auf Situationen, die immer wieder auftauchen, vorbereitet und Sie können schneller zur passenden Lösung hinsteuern. Je besser Sie sich selbst kennenlernen, desto entspannter und gelassener können Sie in negativen Situationen reagieren.

Eine passende Hilfestellung könnte folgendermaßen aussehen und kann als Kopiervorlage genutzt werden:

Mein Tag Datum:

Mein Tag war heute:
negativ O
positiv O
neutral O

Situation	**Person/en**	**Meine Reaktion**	**Meine Gefühle**	**Wichtig für mich persönlich (1-10)**

Wie oder was hätte ich besser oder anders machen können?

Lösungsvorschläge:

SCHRITT 2 – ZIELE FÜR EIN LEBEN MIT MEHR GELASSENHEIT

Jeder kleine Schritt kann der erste Schritt für den Beginn einer neuen Reise sein. Es gibt Menschen, die lassen ihre Ziele offen und sich einfach treiben. Es gibt aber auch Menschen, vermutlich die meisten von Ihnen, die ihr Ziele gerne kennen möchten und wissen wollen, wohin die Reise eigentlich geht. Natürlich verläuft kein Weg einfach nur ohne Hindernisse gerade aus. Sie werden an viele Kreuzungen und Weggabelungen kommen und immer wieder neue Entscheidungen treffen müssen.

Doch wenn Sie Ihr Ziel im Auge behalten und sich darauf fokussieren, werden Sie es erreichen. Dabei ist mit „Ziel" nicht die Million auf dem Konto oder eine Luxusvilla auf einer Sonneninsel gemeint, das wäre unrealistisch (es sei denn, man hat ganz viel Glück). Gemeint sind Zielsetzungen, die greifbar und realistisch sind.

Ein Ziel sollte ein größeres Endergebnis sein, was anvisiert wird und zunächst in mehrere, kleine gut erreichbare Schritte eingeteilt wird. Diese kleineren Zwischenziele sind schneller zu erreichen und motivieren mehr. Auch für den Fall eines Rückschlags ist es besser, mit Zwischenzielen zu arbeiten, um nicht aufzugeben und die Motivation nicht zu verlieren, denn die Antriebsfeder, die uns bei allem vorantreibt ist und bleibt unsere Motivation für etwas. Gerade bei Veränderungen ist Motivation sehr wichtig.

Nehmen Sie auch hier wieder Papier und Stift zur Hand und notieren Sie darauf Ihre persönlichen Ziele. Überlegen Sie dabei auch, ob es sich dabei um realistische Ziele handelt.

Überlegen Sie nun, welche Zwischenschritte einfach und schnell zu erreichen sind, um am Ende das Ziel zu erreichen, notieren Sie auch dies. Um die Motivation zu behalten, sollten Sie sich für jedes erreichte Zwischenziel Belohnungen festsetzen, die Sie sich gönnen.

Überlegen Sie sich daher mit was Sie sich jeweils eine kleine Freude machen könnten. Was mögen Sie? Welches Geschenk können Sie sich selbst machen? Vergessen Sie nicht, Sie haben es verdient.

Legen Sie die Liste an einen Ort, an dem Sie sie immer sehen können und haken Sie erreichte Ziele ab. Die folgende Kopiervorlage soll Ihnen wieder helfen Ihre eigenen Ziele herauszufinden und zu entwickeln. Setzen Sie sich dabei mit Ihren eigenen Wünschen und Bedürfnissen auseinander.

So sehe ich mein Leben in zwei Jahren:

So sehe ich mein Leben in einem Jahr:

So sehe ich mein Leben in sechs Monaten:

So sehe ich mein Leben in drei Monaten:

So sehe ich mein Leben in einem Monat:

Was kann ich morgen schon ändern?

Motivieren Sie sich selbst, zum Beispiel, indem Sie auch mal Ihren Blick in die Vergangenheit schweifen lassen. Oftmals erinnern wir uns nur an die negativen Dinge, die Enttäuschungen und Verletzungen, die uns widerfahren sind, denn diese machen uns natürlich mehr zu schaffen, als all die positiven Dinge. Doch erinnern Sie sich jetzt mal bewusst an die schönen und positiven Dinge, die Ihnen passiert sind. Manchmal sind es auch gerade die ganz kleinen Dinge und Begegnungen, die uns große Freude bereiten. Sie sind es viel mehr wert, in Erinnerung zu bleiben, als all die Schlechtigkeiten.

Der innere Kritiker

Jeder besitzt in sich einen Kritiker, der permanent kritisiert und ein ewiges Gedankenkarussell am Laufen hält. Ein ständiger innerer Dialog mit sich selbst wägt ab, sieht voraus und findet Fehler bei sich selbst. Durch diesen Kritiker zweifeln wir oft an uns selber und er bringt uns ins Wanken. Er hält uns ab. Er pflanzt uns Sätze ein wie „Das schaffe ich eh nicht.“, „Ich bin nicht so gut wie der oder die andere.“ Versuchen Sie ab jetzt, nicht kritisierend mit sich zu sprechen, sondern positiv und wohlwollend. Trainieren Sie diese Einstellung immer wieder. Sie haben es in der Hand in welche Richtung Ihre Gedanken gehen sollen.

Machen Sie sich eine Positiv-Liste auf der Sie die positiven Erlebnisse, Begegnungen, und glücklichen Momente in Ihrem Leben notieren. Und wenn Sie schon dabei sind, denken Sie auch mal über sich selbst und Ihre positiven Eigenschaften nach. Überlegen Sie „Wer bin ich überhaupt? Was macht ich aus?“ Welche Begabungen haben Sie, was können Sie gut und welche guten Taten haben Sie schon vollbracht. Sicher fällt Ihnen dazu einiges ein. Was liegt Ihnen besonders gut? Denken Sie auch hier wieder an die kleinen Dinge. Notieren Sie dies in der folgenden Liste, die Ihnen Hilfe leisten soll.

Träume entwickeln und Ziele finden

Um Ihre Ziele zu finden, müssen Sie zunächst Träume entwickeln, denn jetzt ist genau der richtige Zeitpunkt zum Träumen. Wie sehen Sie Ihr Leben idealerweise in zwei Jahren? Bleiben Sie bei allem Träumen aber immer realistisch. Gehen Sie nun einen Schritt zurück, wie stellen Sie sich Ihr Leben in einem Jahr vor und wie in sechs, in drei oder in einem Monat? Denken Sie über einen möglichen Weg zu den Zielen nach und wie Sie diese erreichen könnten. Das macht Sie gelassener und verschafft mehr Zeit. Auch hierfür finden Sie im Folgenden eine Liste, auf der Sie Ihre Visionen und Ziele verschriftlichen können.

Schließen Sie einen Vertrag mit sich ab

Wenn Sie nun Ihre Ziele für die Zukunft und Ihre Träume herausgefunden haben kann es konkret werden. Schließen Sie mit sich selbst einen Vertrag ab. Formulieren Sie Ihre Ziele so genau und detailliert wie es geht. Terminieren Sie Ihre Ziele, indem Sie sich einen Termin setzen und die Belohnungen festlegen. Platzieren Sie den Vertrag an einer sichtbaren Stelle, wo Sie ihn immer sehen können und täglich daran erinnert werden. Auch hierzu gibt es eine Vorfertigung.

Unterstützer und Helfer finden

Gibt es Menschen in Ihrem Umfeld, die Ihnen gut tun und den Weg bis zum Ziel mit Ihnen gehen, Sie begleiten und motivieren können? Holen Sie sich Hilfe und Unterstützer, die Ihnen auf dem Weg zur inneren Ruhe und mehr Gelassenheit Beistand leisten und Sie mit Zuversicht stärken und mit denen Sie offen sprechen können.

Für all diese wichtigen Erkenntnisse und den Vertrag gibt es auf den folgenden Seiten wieder praktische und unterstützende Kopiervorlagen.

Die Sicht der Dinge

Kennen Sie die Geschichte von der alten Frau und den beiden Tonkrügen? An den beiden Enden einer langen Stange trug eine alte Frau auf ihren Schultern jeweils zwei große Tonkrüge.

Einer der beiden Krüge war kaputt und hatte einen Riss. Der andere hingegen war vollkommen in Ordnung und das Wasser, was in ihm transportiert wurde, blieb drin.

Der Krug mit dem Sprung dagegen kam am Ende des Weges vom Fluss bis zum Haus der alten Frau immer nur halb voll an. Zwei lange Jahre machte die alte Frau das so und sie brachte immer nur einen ganzen und einen halben Krug Wasser mit zurück nach Hause. Der Krug ohne Sprung, der immer seine volle Leistung aufbringen konnte, war natürlich voller Stolz auf sich, während sich der Krug mit dem Sprung sehr schämte und seine Unvollkommenheit und sein Elend, weshalb er immer mit der Hälfte des Wassers nach Hause kam, sehr bedauerte.

Nach zwei langen Jahren des Trübsalblasens sagte der gesprungene Krug zu der alten Frau: „Ich schäme mich so sehr, dass auf dem Weg vom Fluss nach Hause immer die Hälfte des Wassers aus mir herausläuft und ich es nicht halten kann." Daraufhin erwiderte die alte Dame: „Hast du nicht die wunderschönen Blumen gesehen, die auf deiner Seite des Weges wachsen? Die wachsen nur auf deiner Seite, denn dort habe ich Blumensamen ausgesät. So kannst du immer auf dem Weg nach Hause mit dem Wasser, das herausläuft, die Blumen gießen. Zwei Jahre lang konnte ich nun diese wunderschönen Blumen pflücken und damit meinen Tisch schmücken. Ohne dich wäre mein Haus ohne diese schönen Blumen und nicht so schön geschmückt."

Was ist die Moral von der Geschichte? Jeder der beiden Krüge erfüllt seine Aufgabe. Auch der Krug mit dem Sprung schafft durch sein vermeintlich unvollkommenes Dasein etwas besonders Schönes.

Sie können andere nicht ändern, aber Sie können sich selbst und die Sicht auf andere ändern. „Leben und leben lassen" heißt es immer so schön.

Kein Mensch ist ohne Fehler und jeder von uns hat Schwächen. Und gerade die Unvollkommenheit des Menschen und seine „Sprünge“ machen ihn und das Leben individuell und einmalig und bereichern das Leben. Nehmen Sie jeden Menschen, so wie er ist und versuchen Sie, das Positive in ihm zu sehen.

ICH – Positive Eigenschaften, Talente und Erfolge

Wer bin ich? Welche Eigenschaften machen mich aus und was kann ich besonders gut?

Welche besondere Leistung in meinem Leben macht mich besonders stolz?

An welche glücklichen Momente in meinem Leben denke ich gerne zurück?

Was andere Menschen Positives über mich sagen würden:

Vertrag

Ich, ______________________________________, geboren am ________ in _________________________, wohnhaft in ______________________ ___________________________, verpflichte mich mit diesem Vertrag folgende Ziele für ein Leben mit mehr Gelassenheit zu erreichen und mich dafür zu belohnen:

Ziele nach einem Monat erreicht bis zum: ____________

Zielsetzung	
Meine Belohnung	

Ziele nach drei Monaten erreicht bis zum: ____________

Zielsetzung	
Meine Belohnung	

Ziele nach sechs Monaten erreicht bis zum: ____________

Zielsetzung	
Meine Belohnung	

Ziele nach einem Jahr erreicht bis zum: ____________

Zielsetzung	
Meine Belohnung	

Ziele nach zwei Jahren erreicht bis zum: ____________

Zielsetzung	
Meine Belohnung	

Datum, Unterschrift: ____________________________________

SCHRITT 3: DIE INNERE ANTRIEBSFEDER KAPPEN

Jeder kennt ihn, den inneren Antreiber, der in uns Unruhe verbreitet, weil dies und jenes noch nicht erledigt ist und die Ruhe für einen entspannten Tag auffrisst. Dabei wäre es viel besser, die Tage zu entschleunigen und die innere Antriebsfeder links liegen zu lassen. Aber grade in der heutigen Zeit werden wir bereits bei kurzen Wartezeiten ungeduldig und holen genervt das Handy aus der Tasche, um auf die Uhrzeit zu starren. Zeit ist heutzutage also wertvoller denn je.

Was tun Sie eigentlich in den wenigen Momenten, in denen Sie mal nichts tun müssen, falls es diese überhaupt gibt? Können Sie diese Zeit dann auch genießen oder empfinden Sie eine Pause eher als quälend, weshalb Sie sich schnell die nächste Beschäftigung suchen? Dabei wäre es besser, eine Pause einfach mal zu genießen und nur zu entspannen. Jeder Tag sollte daher eine kleine Zeitspanne beinhalten, in der Sie einfach mal abschalten und Sie selbst sein können. Es reicht meist schon, einfach nur mal den Himmel zu beobachten, zu sehen, wie die Wolken ziehen, dabei frische Luft zu atmen und die Farben wahrzunehmen, die die Natur für uns bereithält. Sehen Sie es als ein kurzes „zur Ruhe kommen“ oder „Innehalten“, bei dem Sie einfach mal „Stopp“ sagen.

Auch unser Alltag besteht oft aus Stress, weil immer noch ganz viel erledigt werden muss. Um diesen Stress etwas zu nehmen, können Sie jeden Tag folgendes tun:

Setzen Sie sich täglich das Ziel, ein bis zwei Mal ganz bewusst abzuschalten, indem Sie zum Beispiel einfach an die Haustür gehen oder das Fenster öffnen und hinausschauen. Betrachten Sie Ihre Umgebung und was Sie sehen. Welche Farben bietet Ihnen der Anblick des Himmels? Atmen Sie tief die frische Luft ein und nehmen Sie wahr, wie diese riecht. Nehmen Sie auch wahr, ob es kalt oder warm ist. Beobachten Sie andere Menschen und nehmen Sie einfach nur alles um Sie herum bewusst wahr. Mit diesem Vorgehen kommen Sie einem gelasseneren Leben mit mehr Ruhe einen kleinen Schritt näher und es nimmt etwas Stress vom Alltag. Und um herauszufinden warum Ihr Alltag eigentlich so stressig ist, sollten Sie diesen auch genau unter die Lupe nehmen. Schauen Sie sich einmal Ihren persönlichen Tagesablauf an. Schauen Sie sich Ihre Aufgaben an und werden Sie sich klar, welche davon wirklich wichtig sind und welche auch mal aufgeschoben werden können. Wer könnte Sie bei den täglichen Aufgaben unterstützen? Hierzu kann Ihnen auch wieder eine Liste helfen, die Sie gleich hier sehen und die Sie als Kopiervorlage nutzen können.

So sieht meine Woche aus:

Mo									
Di									
Mi									
Do									
Fr									
Sa									
So									

In die obere Spalte können Sie nach individuellem Bedarf die jeweiligen Uhrzeiten eintragen. Sie können in diese Tabelle außerdem die immer wiederkehrenden Tätigkeiten notieren, die Ihren Alltag ausmachen.

Mein Tagesplan

To-Do-Liste für heute, den ___________________

Anmerkung: Am besten Sie drucken sich das Blatt gleich mehrmals aus und notieren zwei Wochen lang alle Aufgaben. Jeder Tag kann einzeln aufgeführt werden. Anschließend haben Sie einen genauen Überblick über all Ihre wöchentlichen und täglichen Aufgaben und überlegen, welche davon reduziert oder an andere Personen abgegeben werden können. Suchen Sie sich gezielt Helfer und Unterstützer. Denken Sie auch an Ihren inneren Antreiber und überlegen Sie genau, ob alle Aufgaben und Tätigkeiten weiterhin so erledigt werden müssen, wie Sie es bisher getan haben. Bestimmt kann das ein oder andere auch mit weniger Perfektion erledigt werden. Schauen Sie sich Ihren Tagesablauf genau an und bauen Sie unbedingt Zeit für sich mit ein, um auch entspannen zu können und mehr innere Ruhe zu haben.

Wenn es doch nicht möglich sein sollte, irgendwelche Aufgaben und Tätigkeiten an andere abzugeben, so überlegen Sie, ob es vielleicht Aufgaben gibt, die Sie eigentlich nicht immer ganz so sorgfältig und oft erledigen müssten wie Sie es tun. Eventuell müssen es nicht immer und überall die Hundert Prozent sein. Vergessen Sie auch auf keinen Fall, immer mal wieder Pausen in Ihren Tagesablauf mit einzuplanen, auch wenn es vielleicht zunächst schwierig scheint, die alten Gewohnheiten und Abläufe abzulegen. Denken Sie immer daran, dass es Ihnen mehr Zeit für sich und die schönen Dinge bringt und es sich in jedem Fall lohnt, egal wie.

Doch wer oder was genau in uns treibt uns eigentlich ständig an und nimmt uns so die Luft zum Atmen? Vielleicht ertappen Sie sich selbst auch immer wieder dabei, dass Sie bei allem, was Sie tun, hundert Prozent von sich selbst erwarten? Vielleicht liegen Sie abends im Bett und konnten das Wohnzimmer, in dem die Kinder sämtliches Spielzeug ausgeräumt haben, nicht ganz aufräumen? Sie wissen, Sie kommen morgen in ein Wohnzimmer und es ist gleich wieder der Stress da, der Stress, der Sie dazu drängt, auch den Rest noch in Ordnung zu bringen.

Oder vielleicht lesen Sie eine E-Mail immer und immer wieder durch, um sie möglichst fehlerfrei abzusenden, schließlich könnte ja jemand von Ihnen denken, Sie wären dumm oder inkompetent.

Durch solche Denkweisen bauen Sie sich selber Druck und Stress auf und sie halten Sie davon ab, nachsichtig mit Ihnen zu sein. Sie bauen für sich selbst einen enormen Druck auf mit hohen Selbsterwartungen, die Sie erfüllen müssen. Versuchen Sie stattdessen, Ihre Ziele mit Nachsicht, Freude und vielen Inspirationen zu erreichen. Sie müssen nicht perfekt sein. Glauben Sie an sich selbst und haben Sie Selbstvertrauen, das stärkt Sie ganz automatisch und macht Sie immer besser.

Genau genommen entsteht unser ständiger innerer Antrieb durch Dinge und Muster, die uns von der Kindheit bis hin zum Erwachsenenalter immer wieder begegnen und prägen. Es sind Dinge, die in unserem Unterbewusstsein gespeichert sind und dort ablaufen, ohne dass wir es wissen. Es sind Erwartungen und bestimmte selbst auferlegte Regeln, die unseren Alltag bestimmen und unsere Wünsche und unser Denken beeinflussen. Sie ahnen es sicher schon: es sind Ihre ganz persönlichen Glaubenssätze, die Sie immer und immer wieder auf Trab halten und antreiben. Die Glaubenssätze sind wie eine farbige Brille durch die man die Welt sieht und auf Grund derer man genau das Leben führt, was man führt.

Vielleicht haben Sie bei allem, was Sie tun immer das Gefühl, dass es schnell gehen oder unbedingt perfekt sein muss. Doch woher kommt dieses Gefühl? Es sind Prägungen und Glaubenssätze, die Sie aus Ihrer Kindheit mitbekommen haben. Ihre Eltern haben Sie vermutlich immer ermahnt, sich etwas mehr zu beeilen. Doch diese verinnerlichte Regel zieht sich durch Ihr ganzes Leben, auch im Erwachsenenalter. Doch gilt denn diese Regel immer noch? Überlegen Sie genau, ob diese Regel überhaupt noch aktuell ist. Hinterfragen Sie diesen Glaubenssatz und Ihr Handeln. Muss es wirklich immer perfekt sein oder schnell gehen? Machen Sie aus Ihren Erwartungen an sich selbst keinen Rechtsanspruch, es sind im Endeffekt nur Wünsche.

Welche Antreiber beziehungsweise inneren Regeln gibt es und wie äußern diese sich? Im Folgenden sehen Sie genau dafür einige Beispiele. Vielleicht finden Sie sich ja dabei wieder.

Antreiber: „Bleib immer stark."

Typische Sätze und Einstellungen für diesen Antreiber sind: „Ich schaffe das schon alleine.", „Mich kann so schnell nichts aus der Bahn werfen.", „Bloß keine Gefühle zeigen.", „Zähne zusammenbeißen".

Antreiber: „Es muss immer perfekt sein."

Typische Sätze und Einstellungen für diesen Antreiber sind: „Ich mag keine halben Sachen.", „Wenn ich etwas tue, dann auch ordentlich und ohne Fehler.", „Bloß keine Fehler machen." „Das muss besser werden, ich bin noch nicht gut genug."

Antreiber: „Ich muss es allen recht machen."

Typische Sätze und Einstellungen für diesen Antreiber sind: „Nein sagen fällt mir nicht leicht.", „Lob ist mir sehr wichtig.", „Ich muss zu jedem nett und freundlich sein."

Antreiber: „Mach schneller."

Typische Sätze und Einstellungen für diesen Antreiber sind: „Ich bin immer aktiv und hab ständig was zu tun.", „Am besten mache ich mehrere Dinge gleichzeitig.", „Mach schnell.", „Bloß keine Zeit verlieren."

Antreiber: „Gib alles."

Typische Sätze und Einstellungen für diesen Antreiber sind: „Wenn ich nie aufgebe, kann ich alles erreichen." „Erfolg muss man sich hart erarbeiten.", „Ich muss das schaffen." „Zusammenreißen."

Haben Sie Ihren Antreiber, der auf Sie zutrifft, erkannt? In welchen Situationen tritt er besonders stark hervor und beeinflusst Ihr Handeln? Machen Sie sich jeden Tag aufs Neue klar, dass er nur das Ergebnis einer Prägung ist und dass er Ihnen Ihre innere Ruhe und die Gelassenheit nehmen kann, wenn er Überhand gewinnt. Der innere Antreiber stellt die Erwartungen an Sie selber, denen Sie ständig hinterherrennen und versuchen, sie zu erfüllen.

Doch was würde eigentlich passieren, wenn Sie diese Erwartungen oder auch Erwartungen anderer an Sie nicht mehr erfüllen? Vielleicht macht Ihnen dieser Gedanke Angst und Sie haben das Gefühl, dass dann alles im Chaos versinken würde. Doch ganz im Gegenteil, es ist zwar ein ungewohnter Gedanke, doch am Ende verschafft es Ihnen mehr Zeit und mehr Entwicklungszeitraum für sich selbst und Ihre persönlichen Wünsche und Bedürfnisse. Wenn wir von keinem etwas erwarten, werden wir auch nicht enttäuscht und haben dadurch automatisch weniger Stress. Erwartungen an Ihre Umwelt engen Sie nur ein. Sie können also ohne irgendwelche Erwartungen nur positiv überrascht werden. Gehen Sie Ihren Alltag lockerer an und stellen Sie nicht so viele Erwartungen, das befreit.

Krisen richtig erkennen, Bedürfnisse definieren, Prioritäten setzen und Reflektieren. Egal, ob Alltagsstress einer Mutter oder Stress und Überforderung im Beruf, jeder kann unter zu viel Stress leiden oder sogar davon krank werden. Vielleicht fühlen Sie sich öfter mal ausgelaugt und erschöpft und haben das Gefühl, Sie benötigen dringend eine Pause vom schnelllebigen Alltag und dem Stress. Welche eigenen Ziele oder Bedürfnisse haben Sie, die vielleicht in letzter Zeit zunehmend vernachlässigt wurden? Schaffen Sie sich Ausgleiche, dies ist sehr wichtig, um die Seele zu befreien und Kraft zu tanken. Tun Sie, was auch immer gut für Sie ist.

Definieren Sie daher Ihre eigenen persönlichen Bedürfnisse klar und sorgen Sie dafür, dass diese nicht untergehen. Dadurch können Ihre

Reserven auch langfristig gefüllt bleiben. Außerdem beugen auch eine gesunde Lebensweise, Sport, ausgewogene Ernährung und genügend Schlaf ebenfalls einem stressvollen Leben mit negativen Auswirkungen vor und erhöhen das Wohlbefinden.

Gerade, wenn Sie berufstätig sind, sorgen Sie für eine ausgeglichene Work-Life-Balance und setzen Sie Prioritäten in Ihrem Alltag. Machen Sie sich eine To-Do-Liste für den kommenden Tag mit all den Aufgaben, die anstehen. Sortieren Sie diese nach ihrer Dringlichkeit und bearbeiten Sie nur die wichtigsten Dinge, alles andere kann man verschieben. Schauen Sie genau hin, was wirklich notwendig ist, oder was nur Ballast ist. Legen Sie Ihren täglichen Fokus auf die Dinge, die gut gelaufen sind, die Sie geschafft haben, nicht auf die, die liegen geblieben sind. Takten Sie Ihren Tag nicht zu eng, bürden Sie sich nicht zu viel Arbeit auf und schaffen Sie sich Pufferzeiten. Dadurch vermeiden Sie unnötigen Stress. Schaffen Sie sich Freiräume, indem Sie auch Aufgaben an andere abgeben, Sie müssen nicht ALLES selber machen. Planen Sie auch Zeit am Tag für sich selber ein, und sei es nur eine ruhige Tasse Kaffee. Eine kurze Auszeit, die nur Ihnen gehört. Diese Auszeit sollte auf der Prioritäten-Liste ganz oben mit dabei stehen, denn durch regelmäßige Auszeiten sind Sie ausgeglichener, haben mehr Energiereserven und sie sind gut für Ihre Gesundheit.

Zu guter Letzt sollten Sie sich, Ihren Alltag und Ihr Berufsleben immer wieder im Sinne einer gesunden Work-Life-Balance selbst reflektieren und gegebenenfalls in die richtige Richtung justieren.

SCHRITT 4: EIN ERSTES FAZIT, RÜCKSCHLÄGE ÜBERWINDEN UND MUTMACHER

Haben Sie die ersten drei Schritte vollbracht, wird es Zeit, einen kurzen Stopp einzulegen und ein erstes Fazit zu ziehen. Wie weit sind Sie inzwischen gekommen und was hat Ihnen Probleme bereitet? Sind Ihnen

Rückschläge begegnet und wie sind Sie damit umgegangen?

Rückschläge sind völlig normal, doch lassen Sie sich davon keinesfalls entmutigen. Sprechen Sie mit Ihren Verbündeten, die Sie unterstützen. Lassen Sie sich von ihnen erzählen, welche positiven Fortschritte ihnen aufgefallen sind und wie Sie selbst und auch Ihr Umfeld positiv davon profitieren. Negative Eindrücke lassen Sie bitte außer Acht und unkommentiert, denn manchmal haben Mitmenschen nicht so viel Verständnis für Ihre Änderung, weil Sie dadurch selber gezwungen werden, sich ebenfalls zu verändern.

Um motiviert zu bleiben, fragen Sie sich auch selbst, was Sie mögen und welche Dinge Sie gut finden und gut gemacht haben. Was gefällt Ihnen an Ihrer Veränderung am besten und warum? Am besten, Sie machen sich dazu wieder ein paar Notizen.

Sollten Sie auf Ihrem Weg zur Gelassenheit einmal stagnieren und auf der Stelle treten, dann machen Sie Ihre Schritte kleiner. Manchmal ist es einfacher, nur ganz langsam etwas zu verändern.

Wichtig ist auch, dass Ihnen die Belohnungen nicht ausgehen und diese rechtzeitig vorhanden sind, denn jeder noch so kleine Schritt ist eine Belohnung wert.

Es wäre gelogen zu behaupten, dass Ihnen auf Ihrem Weg zu mehr Gelassenheit keine Hürden, Schwierigkeiten oder sogar Rückschläge begegnen würden. Doch seien Sie sich immer im Klaren darüber, dass dies IHR Weg ist und Rückschläge dazu gehören. Meistens sind Reibungen oft auch ein Problem des Gegenübers. Versuchen Sie also, auch in demotivierenden Situationen sachlich zu bleiben und einfach nur zu beobachten.

Wenn Sie mal eine ruhige Minute haben, denken Sie noch einmal genau darüber nach, ob Ihnen vielleicht irgendwelche Informationen fehlen oder vielleicht auch die nötigen Fähigkeiten, um Stress abbauen zu können. Sollte dies so sein, können Sie sich die nötige Hilfe beschaffen.

Im Internet gibt es immer Ideen für verschieden Techniken, um Stress abzubauen. In einem späteren Kapitel gibt es aber auch noch einige Ideen und Hilfestellungen, wie Sie Stress am besten abbauen können. Bürden Sie sich nicht die Schwierigkeiten anderer auf. Suchen Sie sich schon im Vorfeld Menschen, die Sie in solchen Fällen auffangen und wieder aufbauen können. Überlegen Sie sich doch Ihr eigenes „Steh-wieder-auf-Programm", so haben Sie für solch einen Fall einen Plan, der Ihnen wieder Mut gibt. Außerdem helfen Rückschläge und Reibungen, sich weiter zu entwickeln und aus Fehlern zu lernen.

Ihre persönliche Strategie ist dabei sehr wichtig. Vielleicht legen Sie eine Art Tagebuch an, in dem Sie Ihre Gedanken notieren, um Ihre Fortschritte verfolgen zu können, denn oft sieht man im Hier und Jetzt gar nicht, was man eigentlich schon geschafft hat. Auch das macht wieder Mut

Und hier sind noch zwei schöne und passende Zitate, die wunderbare Mutmacher sind, wenn es mal nicht so läuft, wie es laufen sollte:

„Du brauchst nicht immer einen Plan. Manchmal musst du nur atmen, vertrauen, loslassen und schauen, was passiert." (Mandy Hale)

„Der Morgen ist die Jugend des Tages: Alles ist heiter, frisch und leicht. Wir fühlen uns kräftig und haben alle unsere Fähigkeiten zu völliger Disposition. Man soll ihn nicht durch spätes Aufstehen verkürzen, noch auch an unwürdige Beschäftigungen oder Gespräche verschwenden, sondern ihn als Quintessenz des Lebens betrachten und gewissermaßen heilig halten. (Arthur Schopenhauer)

SCHRITT 5: KOMMUNIKATION MIT MITMENSCHEN UND IHRE STOLPERSTEINE

Es gibt keinen Tag, an dem wir nicht mit anderen Menschen kommunizieren. Selbst, wenn Sie kein Wort sprechen, so kommunizieren Sie doch. Sicherlich kennen Sie Sätze wie „Gar keine Antwort ist auch eine Antwort." oder „Dein Schweigen spricht Bände.". Denn selbst ohne Worte kommunizieren wir unbewusst. Wir kommunizieren verbal durch unsere Sprache mit Worten und nonverbal durch unsere Körpersprache wie Mimik, Gestik oder andere körperliche Ausdrucksweisen. Über die Kommunikation verständigen wir uns mit unseren Mitmenschen, Sprache, Stimme, Gestik, Mimik und unsere Körperhaltung sind dabei die nötigen Werkzeuge. Leider funktionieren diese Werkzeuge nicht immer einwandfrei, sodass es zu Störungen und zu zwischenmenschlichen Kommunikationsfehlern wie Fehlinterpretationen kommen kann. So entstehen dann Missverständnisse, Streitereien und Unzufriedenheit. Um die Kommunikation untereinander zu verbessern, muss man erst einmal verstehen, wie Kommunikation überhaupt funktioniert und wie man Probleme erkennen kann.

Was ist Kommunikation genau?

Kurz gesagt ist Kommunikation der Austausch von Informationen zwischen einem Sender und einem oder auch mehreren Empfängern unter Zuhilfenahme von Sprache und Zeichen.

Das hört sich zunächst sehr einfach an. Doch leider ist dieses System der zwischenmenschlichen Kommunikation sehr anfällig für Störungen, denn alle Faktoren, wie die Übertragung der Informationen, sowie der Sender, als auch der Empfänger, sind keine konstanten Variablen, sondern unberechenbar. Das macht Kommunikation zu einem sehr komplexen Thema.

Über das Thema der zwischenmenschlichen Kommunikation gibt es zahlreiche Bücher. Hier soll nicht im Detail auf dieses Thema eingegangen werden, das würde zu weit führen. Viel mehr bietet dieses Kapitel einen Überblick über das Thema Kommunikation und umfasst die wichtigsten Punkte, die auf Ihrem Weg zu mehr Gelassenheit benötigt werden.

Kommunikation auf vier Ebenen

Nach Schulz von Thun besteht die Kommunikation aus vier Seiten. Bei jedem zwischenmenschlichen Austausch werden nicht nur Informationen übertragen, sondern es werden auch Dinge über die Selbstoffenbarung, ein Sachinhalt und ein Appel mit übertragen. Zu guter Letzt spielt die Beziehung zu dem Gegenüber eine wesentliche Rolle und bildet die vierte Ebene. Man kommuniziert quasi mit vier Mündern und das Gegenüber hört und empfängt mit vier Ohren. Daraus ergibt sich ein Modell aus einem Kommunikationsquadrat. Jeder Aspekt in diesem Quadrat kann missverstanden werden.

Was beinhalten die vier Ebenen?

- **Die Sachebene:** Hierbei übermitteln wir unserem Gegenüber Informationen, die den sachlichen Inhalt betreffen. Dabei wird lediglich sachlich darüber informiert, worum es geht.
- **Die Selbstoffenbarungsebene:** Wie es der Titel schon verrät, wird auf dieser Ebene etwas Persönliches von uns preisgegeben. Die Informationen beinhalten immer Teile über unsere Persönlichkeit und auch über unser Befinden.
- **Die Beziehungsebene:** Diese Information beinhaltet die Art der zwischenmenschlichen Beziehung zu dem Gegenüber. Möglicherweise betrifft die Information den Beziehungsstatus oder vielleicht auch unsere Meinung, die wir von diesem Menschen haben.
- **Die Appellebene:** Mit Informationen dieser Ebene fordern wir unser Gegenüber immer zu etwas auf, entweder etwas zu tun, oder auch zu unterlassen. Das Gegenüber soll also eine bestimmte Aufgabe übernehmen und ausführen.

Das Wichtigste und zugleich Schwierigste bei der Kommunikation ist, herauszufinden, was Ihr Gegenüber eigentlich wirklich von Ihnen will und was er oder sie Ihnen wirklich mitteilen möchte. Denn oft sagen wir was ganz anderes, als wir in Wirklichkeit meinen. Dadurch kommt es sehr häufig zu Störfaktoren und Missverständnissen. Sie müssen also bei dem Gespräch herausfiltern, auf welcher Ebene Ihr Gegenüber kommuniziert und ob es auch die passende Ebene war. Ein Beispiel aus dem Alltag, das vermutlich die meisten von Ihnen kennen, ist folgendes:

Sie sagen zu Ihrem Mann: „Schatz, die Waschmaschine ist fertig." Hier liegt zunächst eine Sachinformation vor. Okay, die Waschmaschine ist also wirklich fertig gelaufen und die nasse Wäsche ist nun in der Trommel. Doch was wollen Sie mit dieser Information eigentlich bezwecken? Ihr Mann denkt nun: „Okay, die Waschmaschine ist fertig, toll... und jetzt?". Um klar zu kommunizieren wäre es besser, Sie würden es folgendermaßen sagen: „Schatz, die Waschmaschine ist fertig, würdest du die Wäsche bitte rausholen und aufhängen?" Nun handelt es sich um eine Sachinformation mit einem klaren Appell. Somit weiß Ihr Gesprächspartner, in diesem Fall Ihr Mann, genau Bescheid, was er tun soll.

Bisher handelt es sich hierbei lediglich um verbale Informationen. Hinzu kommen auch noch die nonverbalen, die ebenfalls wieder zu Missverständnissen führen können. Vielleicht lächelt Ihnen Ihr Gegenüber unverhohlen ins Gesicht und die Augen sprechen eine ganze andere Sprache oder die Situation passt überhaupt nicht dazu. Auch hier ist es wichtig, die richtige und eigentliche Informationen Ihres Gesprächspartners herauszufiltern. Manche Informationen können auch berechnend und manipulativ sein.

Überprüfen Sie auch immer, ob Sie selbst dabei wirklich neutral und objektiv bleiben. Bevor Sie bewerten, sollten Sie einen „Filter aufsetzen" und einfach nur zuhören. Versuchen Sie, Ihre eigenen Prägungen nicht miteinfließen zu lassen, denn jede Auswertung von Informationen läuft im Gehirn unbewusst und automatisch ab und wird mit abgespeicherten

Erfahrungen aus der Vergangenheit verglichen. Sie müssen also immer wieder bewusst trainieren, Informationen bewusst und ganz sachlich wahrzunehmen.

Kommunikation verbessern und gelassener werden

Sich selbst richtig auszudrücken und seinen Gesprächspartner richtig zu verstehen, ist das A und O für eine zwischenmenschliche Kommunikation ohne Missverständnisse. Daher sollten Sie klare und unmissverständliche Botschaften senden, denn diese können von Ihrem Gesprächspartner nicht so schnell fehlinterpretiert werden. Es ist immer einfacher, ein deutliches „Nein" zu verstehen, als ein verschwommenes „Mhm, mal sehen, vielleicht." Wichtig ist es zunächst, während eines Gespräches darüber nachzudenken, was denn der Gesprächspartner mit seiner Information eigentlich wirklich sagen will. Was könnte hinter seinen Worten stecken und vielleicht „zwischen den Zeilen stehen"? Kommen Ihnen von Ihrem Gegenüber hitzige Vorwürfe entgegen, überlegen Sie in Ruhe, worüber sich Ihr Gegenüber gerade eigentlich so aufregt. Auf welcher Ebene wird kommuniziert? Hören Sie Ihrem Gesprächspartner also ganz bewusst zu.

Beobachten Sie auch die nonverbale Kommunikation und vermitteln Sie Ihrem Gesprächspartner das Gefühl von Interesse und dass Sie frei von Vorurteilen sind. Widmen Sie dem Gegenüber Ihre volle Aufmerksamkeit, indem Sie ihm zunicken und ihm beim Gespräch in die Augen schauen. Stellen Sie bei Bedarf gezielte Nachfragen und geben Sie dem Gesprächspartner durch Laute wie „ah ja" oder „Mhm" Rückmeldung. Außerdem sollten Sie Ihrem Gegenüber ein Feedback in Form einer kurzen Zusammenfassung geben. Zum Beispiel „Das bedeutet also, Ihr Auto ist jetzt in der Werkstatt." oder „Verstehe ich das richtig, dass ihr gestern alle im Zoo wart?" Diese Zusammenfassungen sollten in einem neutralen Tonfall gesagt werden und mit einem interessierten Gesichtsausdruck. Fragen sollten nur in Bezug auf das Gesagte von dem

Gegenüber gestellt werden und keinesfalls Wertungen oder eigene Informationen enthalten. Seien Sie geduldig, bis Ihr Gesprächspartner seine Informationen an Sie komplett herangetragen hat. Wenn Ihr Gegenüber Fragen stellt, können Sie Ihre eigenen Informationen dazu überbringen.

Manchmal hindern uns verschiedene Umstände wie Höflichkeit oder Bedenken, man könnte seinen Gesprächspartner vielleicht vor den Kopf stoßen, daran, klare Aussagen zu treffen.

Sich deutlich auszudrücken und seinen wirklichen Standpunkt und seine Bedürfnisse klar zu machen, ohne dabei sein Gegenüber anzugreifen oder zu verletzen kann man lernen. Wichtig dabei ist, alles was man sagt so zu formulieren, dass der Kommunikationspartner das Gefühl hat, respektvoll behandelt zu werden, das bedeutet auch, sein Gegenüber ausreden zu lassen, ihn nicht zu unterbrechen und auf seine Informationen einzugehen. Begegnen Sie ihm mit Vorwürfen und klagen ihn an, so wird Ihr Gegenüber in die Abwehrhaltung gehen und es wird nur noch schwierig möglich sein, ein vernünftiges und zielführendes Gespräch zu führen. Auch Kritik an dem Verhalten Ihres Gegenübers sollten Sie für sich behalten. Stattdessen ist es ratsam, Ihre Anliegen in Ich-Botschaften zu verpacken und so Ihre eigenen Gefühle und Bedürfnisse oder vielleicht auch Ängste offen zu kommunizieren. Dadurch kann Ihr Gegenüber Ihre Information besser annehmen und Empathie entwickeln. Und somit kommen wir zu einem weiteren wichtigen Punkt für den Erfolg einer guten Kommunikation:

Die Ich- und Du- Botschaften

Während eines Streitgesprächs werden oft vorwurfsvolle „Du-Botschaften“ verwendet, was die Kommunikation und die Situation meistens nicht wirklich verbessert. Sätze wie „Du hörst mir einfach nie zu.“ sind nicht wirklich zielführend und führen auch zu keiner Konfliktlösung. Im Gegenteil, Ihr Partner wird sich angegriffen fühlen und entsprechend reagieren. Auch wenn Sie noch so im Recht sind und die Situation vielleicht sehr belastend für Sie ist, werden Vorwürfe die Situationen immer weiter verschlimmern und Ihr Gegenüber wird eine Blockade aufbauen, die Sie nicht überwinden können. Daher sind die oben angesprochenen „Ich-Botschaften" die besseren.

Sätze wie „Ich fühle mich von dir nicht verstanden." schaffen Vertrauen und zeigen Offenheit Ihrem Gesprächspartner gegenüber. Er wird nicht in die Abwehrhaltung getrieben und ist so auch eher bereit, Ihnen zuzuhören.

Während bei Streitgesprächen Du-Botschaften eher kontraproduktiv sind, kann ein „Du" in neutralen Gesprächen mehr Offenheit und Akzeptanz schaffen und Ihr Gegenüber fühlt sich in das Gespräch eingebunden. Dadurch basiert die Kommunikation in diesem Fall auf gegenseitiger Akzeptanz. Spricht man nur über sich selbst, ist es kein Dialog mehr, sondern ein Monolog; der andere ist außen vor und wird nicht mit eingebunden und die Gefahr groß, aneinander vorbei zu reden.

Neutrale Gespräche und Du-Botschaften

Im Rahmen von neutralen Gesprächen kann das Einfügen von „Du" anstatt „Ich" mehr Offenheit schaffen. Auch kann Ihr Gegenüber mehr Akzeptanz aufbauen. Ihr Gesprächspartner wird mit einem „Du" in das Gespräch mit einbezogen und es findet so eine Kommunikation auf gegenseitiger Akzeptanz statt. Redet man dagegen nur von sich selbst, gleicht dies eher einem Monolog und man redet unter Umständen aneinander vorbei.

Ein Beispiel soll dies verdeutlichen:

Zwei Bekannte treffen sich und unterhalten sich über den gestrigen Geburtstag.

Du-Botschaft:

„Hallo Timo, du warst doch gestern auch bei Klaus auf dem Geburtstag. Das Buffet, was es dort gab, war echt lecker und eine tolle Stimmung war dort. Du, das war wirklich ein schöner Geburtstag."

Ich-Botschaft

„Hallo Timo, ich war gestern auch auf dem Geburtstag von Klaus. Das Buffet, das es dort gab, war echt lecker und eine tolle Stimmung war dort. Ich hatte echt einen tollen Abend."

Mit der Formulierung aus der Ich-Perspektive grenzen Sie den anderen aus dem Gespräch aus, obwohl er auch auf dem Geburtstag war. Er wird außen vor gelassen, als wäre er nicht dabei gewesen. Mit der Du-Perspektive bekommt Ihr Gegenüber das Gefühl von Akzeptanz und der Gesprächsverlauf verläuft reibungsloser, wird eher gefördert und es bleibt ein positiver Eindruck im Nachhinein hängen.

Seien Sie authentisch

Ein weiterer wichtiger Aspekt für eine gelungene Kommunikation ist Ihre Authentizität. Seien Sie immer die Person, die Sie auch sind. Spielen Sie nichts, was Sie nicht sind, denn das kommt im Gespräch immer mit rüber und lässt die Kommunikation auf wackligen Beinen stehen. Daher ist es ratsam, in Gesprächen keine verallgemeinernden Aussagen zu treffen und seine Gefühle immer klar und deutlich zu kommunizieren. Stehen Sie zu sich und Ihren Ansichten und zu dem, was Sie sagen möchten. Wenn Sie schwammig formulieren und vielleicht Worte wie „jemand", „einer" oder man" verwenden, führt dies nur zu Störungen im Kommunikationsablauf. Seien Sie so wie Sie sind, denn Sie sind genau gut so. Zeigen Sie sich selbstbewusst und offen, dann wird jede Kommunikation ein Erfolg.

Akzeptanz für Ihr Gegenüber

Oftmals lässt unser persönlicher Filter Interpretationen und Rückschlüsse in Gesprächen zu, die für den anderen nicht ersichtlich oder nachvollziehbar sind. Unser Gegenüber hat einen ganz anderen Filter und ist durch einen komplett anderen Lebensweg geprägt. Trotzdem bewerten wir Aussagen oft nach unseren persönlichen Glaubenssätzen, die wir in unserem Leben gesammelt haben und die uns geprägt haben. Dabei kann es jedoch sein, dass Ihr Gesprächspartner mit seiner Aussage etwas ganz anderes gemeint hat, als Sie vielleicht gerade aufgefasst haben. Er schätzt eine Lage vielleicht ganz anders ein als Sie. Sicherlich gibt es Dinge, die Ihr Gesprächspartner für selbstverständlich hält, die Sie aber nicht wissen können und umgekehrt. Sie erwarten Dinge, die Ihr Gegenüber wissen oder ahnen soll, die aber nur Sie wissen können. Seine Prägungen durch Erlebnisse sind ganz andere und er kann Ihre Erwartungen überhaupt nicht erfüllen.

Akzeptieren Sie also, dass Erwartungen ebenfalls zu Missverständnissen führen können und lassen Sie sie aus Gesprächen draußen. Akzeptieren Sie auch, dass Ihr Gegenüber einen komplett anderen Lebensweg gegangen ist, andere Prägungen und Erfahrungen durchgemacht hat und daher auch andere Ansichten hat. Deshalb ist Toleranz ein wichtiger Faktor für den Erfolg zielführender Gespräche. Jeder hat seine eigene Sicht auf die Dinge und jede Sicht hat Ihre eigene persönliche Wahrheit. Oft ist es leider schwierig anzuerkennen, dass der Andere auch Recht hat. Wenn Sie auf Ihre eigenen Ansichten, Ihre Erwartungen und deren Erfüllung pochen, stülpen Sie nur dem Anderen Ihre eigenen Ansichten über. Umgekehrt ist es manchmal auch besser, zu akzeptieren, dass beide Recht haben. Dann wissen Sie, der Andere fühlt sich jetzt auch gut und Sie können innerlich schmunzeln. Kämpfen Sie nicht ums Recht, denn der Preis für einen Sieg kostet unter Umständen vielleicht eine Freundschaft und ein „Sieg" hinterlässt meist nur Verletzte.

Ein schönes Zitat von Barack Obama besagt Folgendes:

„Geh mit anderen so um, wie du möchtest, dass sie mit dir umgehen."

Vorwürfe und Schuldzuweisungen – Klassiker für eine „allergische Reaktion"

Jeder kennt ihn den Satz aller Sätze der Schuldzuweisung: „Du bist schuld." Und wenn es nicht der Satz als solches ist, dann sind es die Beschuldigungen, die in der Kommunikation übertragen werden und Schuldgefühle hervorrufen sollen. Doch alles, was passiert, ist, dass das Gegenüber wütend wird und sich verteidigen wird. Es kommt zum Streit.

Doch dies dient niemandem, daher ist es besser, seine Gefühle in dieser Situation zu äußern, anstatt sich gegenseitig mit Schuldzuweisungen zu bombardieren. Zeigt man Gefühle, ist dies persönlicher und man gibt etwas von seinem Inneren preis. Dadurch ist der Gesprächspartner auch eher bereit, sich für das Gespräch zu öffnen. Wie könnten also solche Gespräche oder Sätze aussehen?

Hier ein Beispiel:

„Du lässt mich immer alleine."

Besser wäre:

„Ich bin einsam und wünsche mir Unterstützung von dir."

Mit dieser besseren Variante treffen Sie eine Aussage mit Selbstoffenbarung und dies öffnet Möglichkeiten für ein weiteres Gespräch. Schuldzuweisungen führen Blockaden herbei, sind nicht zielführend und ergeben keine Lösung. Ob eine selbstoffenbarende Aussage bei dem Gesprächspartner positiv ankommt, liegt dann nicht mehr in Ihrer Hand, aber Sie haben zumindest eine gute Basis für ein Gespräch geschaffen ohne Schuldzuweisung.

Auch wenn Sie noch so zornig sind, vergessen Sie nicht, dass diese Wut auf Erwartungen aufbaut, die durch Ihre Vorstellungen geprägt sind. Geben Sie Ihrem Gegenüber dafür nicht die Schuld, wenn diese nicht erfüllt werden, denn es sind alleine IHRE Erwartungen, nicht die Ihres Gegenübers. Sie können aber Ihre Gefühle und Vorstellungen kundtun damit Ihr Gesprächspartner darüber Bescheid weiß und schaffen so durch Ihre offene Art der Kommunikation eine bessere

Ausgangslage für ein gutes Miteinander.

Was tun Sie nun, wenn Ihnen nun doch jemand mit Schuldzuweisungen begegnet?

Bleiben Sie auf jeden Fall ruhig. Überlegen Sie, was Ihnen Ihr Gegenüber damit wirklich sagen will und auf welcher Ebene er kommuniziert. Welche Hintergründe gibt es, die für ihn die Schuldzuweisungen rechtfertigen? Reagieren Sie nicht gleich mit Abwehr, sondern stellen Sie gezielte Fragen, warum er glaubt, dass Sie schuld seien. Dadurch entsteht ein solider Grundstein für weitere offene Diskussion.

Unsere eigene Wirklichkeit

Sie kennen sicherlich Situationen, in denen Sie sich in eine Situation und in das, was Sie glauben hineinsteigern. Vielleicht sind Sie davon überzeugt, dass ein Freund Sie neulich absichtlich nicht mit ins Kino genommen hat. Sie fühlen sich hintergangen und ausgegrenzt. Ihr Freund hat Ihnen zwar erklärt, dass er dort mit seiner Firma auf Grund einer Geburtstagsfeier eines Kollegen war, doch Sie kaufen ihm dies nicht so richtig ab und verdächtigen ihn trotzdem, dass er Sie nicht dabei haben will. Ihr Gedankenkarussell fährt immer weiter und Sie werden mehr und mehr misstrauisch. Ihre Gedanken bauen sich eine eigene Welt mit eigenen Wahrheiten und einer eigenen Realität auf. Wahrscheinlich kommen auch noch alte, in Ihnen schlummernde negative Erfahrungen aus Kindheitstagen hoch, die Sie auf die momentane Situation übertragen. Ihre Gedanken erschaffen sich ihre eigene Realität und für Sie steht fest: Ihr Freund wollte Sie absichtlich nicht dabei haben.

Aber ist das auch die wirkliche Realität? Ist das wirklich so, wie Sie es felsenfest glauben? Jetzt ist es wichtig, die Situation erst einmal unter die Lupe zu nehmen und neutral zu prüfen. Nehmen Sie das Gefühl der Zurückweisung zunächst einmal nur wahr, denn das bewusste Wahrnehmen Ihrer Gefühlslage verhindert Kurzschlussreaktionen und ist ein erster Schritt in die richtige Richtung. Fragen Sie sich, warum Sie gerade so fühlen, wie Sie fühlen und warum Sie diese Situation eigentlich so deuten. Versuchen Sie, in die Beobachterrolle zu schlüpfen und nehmen Sie Ihren Ärger, Ihre Wut, oder welche negativen Gefühle auch immer, neutral als Beobachter wahr. Verschwenden Sie für die negativen Gefühle aber keine Energie, nehmen Sie sie nur wahr und steigern Sie sich nicht hinein. Dies verhindert, dass Sie auf Grund überkochender Gefühle bei der nächsten Begegnung mit Ihrem Freund ein Streitgespräch vom Zaun brechen und Sie seine Entscheidung besser akzeptieren können. Seine Entscheidung hatte nichts mit Ihnen zu tun. Durch falsche Erwartungen und Vorstellungen kann kein gelassenes Miteinander stattfinden.

Was ist nun also zu tun?

Führen Sie Gespräche immer ganz bewusst und packen Sie Ihre Sätze immer in der „Ich-Form". Vermeiden Sie auf jeden Fall Schuldzuweisungen und verwenden Sie keine verallgemeinernden Aussagen. Hören Sie Ihrem Gesprächspartner im Gespräch bewusst zu und fallen Sie ihm nicht ins Wort, lassen Sie ihn ausreden. Fragen Sie nach, zeigen Sie Interesse, aber lassen Sie sich selbst aus dem Spiel. Geben Sie ein neutrales Feedback.

Sie können solche Situationen am besten üben, indem Sie mit Freunden sprechen oder telefonieren.

Beobachten Sie sich selbst ganz bewusst, während Sie Gespräche mit anderen führen, auf welchen Ebenen wird kommuniziert und mit welchen Worten. Wie sind die Mimik, der Tonfall und die Gestik, die dabei verwendet werden? Um sich selbst zu reflektieren, können Sie sich all dies notieren und mit Anmerkungen oder auch Verbesserungsvorschlägen versehen.

Planen Sie Ihre Gespräche vorab und überlegen Sie, welche Ebene und Wortwahl Sie verwenden wollen und welches Ziel Sie mit dem Gespräch verfolgen. So trainieren Sie Ihre Kommunikationsfähigkeit.

SCHRITT 6: GLAUBENSSÄTZE ÜBERPRÜFEN UND ÄNDERN

Die eigenen Glaubenssätze herausfinden – Wie geht das? Unser ganzer Alltag und unser Leben werden von unseren inneren Regeln, die wir uns selbst auferlegen, bestimmt. Durch Erlebnisse bilden wir sogenannte Glaubenssätze, die unser Leben, Denken und alles, was wir tun, immens beeinflussen. Glaubenssätze sind Ansichten, die wir während unseres Lebens erworben haben und wir wenden Sie automatisch und unbewusst in unterschiedlichen Situationen an, ohne die Gegebenheiten überhaupt erstmal zu analysieren. Es gibt positive und negative Glaubenssätze, doch leider schlummern in uns meist eher negative Glaubenssätze. Typische Glaubenssätze, die vielleicht jeder kennt sind:

„Ohne Fleiß kein Preis."
„Ich bin eine Niete."
„War klar, dass ich das nicht schaffe."
„Ich brauche einen soliden Bürojob wie alle."
„Alle sind gegen mich."
„Mich mag doch eh niemand."
„Wenn ich mich zu früh freue, klappt es dann doch nicht."
„Ich bin nichts wert."

Die Aufzählung könnte natürlich noch seitenlang fortgeführt werden. Leider neigt unser Gehirn dazu, schlechte Erlebnisse besser in Erinnerung zu behalten als die schönen. Dies ist auf unsere Evolution zurückzuführen, denn früher verhalf dies den Menschen, sich vor gefährlichen Situationen zu schützen. Heute behindert es uns meistens im freien Denken und verhindert oft, dass wir unsere Wünsche und Ziele erreichen. Deshalb ist es für Sie sehr wichtig, Ihre persönlichen Glaubenssätze zu kennen, denn nur so können Sie Ihre bisherigen Handlungen und Reaktionen unter die Lupe nehmen, reflektieren und gegebenenfalls abändern. Glaubenssätze sind unsichtbare Barrieren, die Ihren

Handlungsspielraum extrem begrenzen. Sie rauben Kraft, Energie und Motivation um gelassen zu bleiben.

Wir sind von etwas überzeugt, was nicht geht, haben tausend Argumente dagegen, die dies noch bestätigen, dabei haben wir es nicht einmal selber versucht. Viele Glaubenssätze werden uns im Laufe des Lebens mit auf den Weg gegeben, von der Familie oder einfach von der Umwelt. Glaubenssätze sind verallgemeinerte Ansichten über das Leben, über uns selber oder auch über andere. Sie beeinflussen uns, behindern uns oftmals und stehen uns im Weg. Durch Bestätigungen und passende Beispiele suchen wir immer wieder nach Beweisen, die unsere Glaubenssätze bestärken und noch tiefer in unser Unterbewusstsein einbrennen. Mut und positives Denken werden uns oft durch die negativen Glaubenssätze genommen.

Glaubenssätze ins Bewusstsein holen

Um Ihre ganz persönlichen Glaubenssätze in das Bewusstsein zu holen und diese zu entschlüsseln, müssen Sie diese zunächst einmal bewusst wahrnehmen. Am besten finden Sie diese heraus, indem Sie sich selbst ein paar Fragen stellen. Nehmen Sie sich dazu Zettel und Stift, damit Sie sich Ihre Glaubenssätze auch notieren können.

Fragen Sie sich im ersten Schritt zunächst, welche verallgemeinernde Ansichten sich in Ihrem Leben immer wieder wiederholen, zum Beispiel „Ach abnehmen, das schaffen vielleicht die Anderen, aber ich nicht." Oder „Männer können eh nicht treu sein."

Überlegen Sie auch genau, ob es vielleicht bestimmte Sprüche oder Redewendungen gibt, die Ihnen von vertrauten Personen oder Familienmitgliedern mit auf den Weg gegeben wurden und die Sie jetzt selber gerne verwenden und danach leben. Ein typischer Satz, den man meist von der Familie kennt ist zum Beispiel „Ein Indianer kennt keinen Schmerz." Natürlich kennen Indianer Schmerzen, jeder Mensch spürt Schmerzen und diese sollte man eben auch zulassen. Vermeintlich bedeutet dieser Satz, wer Schmerzen zeigt, ist schwach. Nur wer stärker ist als der Schmerz, ist stark und kein Weichei.

Fragen Sie sich auch in welchem Bereich Ihres Lebens Sie vielleicht nicht so zufrieden sind. Haben Sie vielleicht Probleme mit dem Job oder macht Ihnen etwas im sozialen Umfeld zu schaffen und Sie vermissen Freundschaften? Fragen Sie sich, warum genau dies so ist. Warum genau ist es so schwierig für Sie, vielleicht neue Freundschaften zu knüpfen? Welche Ansicht haben Sie über das Thema Freundschaft. Vielleicht steckt genau hier ein verborgener Glaubenssatz dahinter. Vielleicht denken Sie ja, dass Sie ohnehin niemand mag. Warum denken Sie das? Wurden Sie vielleicht in der Vergangenheit abgewiesen und haben schlechte Erfahrungen gemacht?

Durch dieses Vorgehen können Sie Ihre Glaubenssätze, die hinter all Ihren Ansichten und Ihrem Handeln stecken, aufdecken. Wenn Sie bisher unbewusst danach gelebt haben, können Sie sich diese jetzt ganz bewusst ins Bewusstsein holen.

Glaubenssätze hinterfragen

Im zweiten Schritt folgt das Durchbrechen dieser aufgedeckten Glaubenssätze. Nehmen Sie die Brille mit Tunnelblick ab, durch die Sie nur Beweise FÜR die Richtigkeit Ihrer Glaubenssätze und Handlungen sehen, denn es gibt mindestens genauso viele Beweise, die Ihre Glaubenssätze widerlegen. Prüfen Sie Ihre Glaubensätze auch auf Aktualität und ob diese überhaupt noch richtig sind. Sind Sie zum Beispiel der Ansicht „Im Leben bekommt man eh nichts geschenkt." dann versuchen Sie sich bewusst an Situationen zu erinnern, die diesen Satz widerlegen und das Gegenteil beweisen. Als Kind bekommt man zum Beispiel beim Metzger ein Stück oder eine Scheibe Wurst geschenkt. Das Leben schenkt einem Liebe, Glück, Partnerschaft und Kinder. Auch Gesundheit ist ein wertvolles Geschenk des Lebens. Das ganze Leben ist im Prinzip ein Geschenk. Vielleicht ist es nur ein kleines Lächeln, was Ihnen ein anderer Mensch auf der Straße schenkt. Denken Sie an Ihre Familie, die Sie mit Umarmungen, Liebe und Küssen beschenkt.

Wenn Sie Ihre Glaubenssätze aufs Papier gebracht haben, stellen Sie sich folgende Fragen:

- Tragen die Glaubenssätze zu einer Verbesserung Ihres Lebens bei?
- Wie wird Ihr Leben verlaufen, wenn Sie den negativen Glaubenssatz beibehalten?
- Ergeben sich vielleicht Vorteile, wenn Sie sich von dem Glaubenssatz trennen?
- Wie fühlt sich die Vorstellung an, sich von diesem Glaubenssatz zu befreien?

Glaubenssätze überwinden

Im dritten Schritt ändern Sie Ihre Glaubenssätze ab. Fakt ist, was auch immer Sie glauben, Sie werden dabei auch Recht behalten. Was immer Sie auf Grund Ihrer erlernten Glaubenssätze erwarten, es wird auch in Erfüllung gehen. Dies nennt man „selbsterfüllende Prophezeiung“. Man nehme beispielsweise den Satz „Ich mache einfach nichts richtig!“ Die Grafik verdeutlicht den Teufelskreis sehr, den ein negativer Glaubenssatz bewirkt:

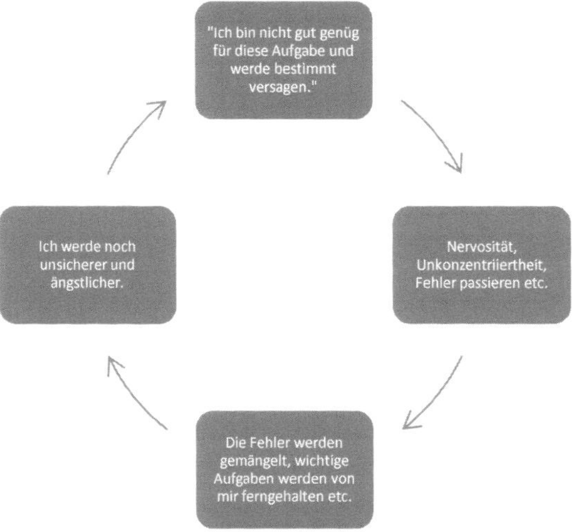

Formulieren Sie also nun zu jeder negativen Einstellung eine positive Überzeugung, zum Beispiel: „Ich mache einfach nichts richtig!" umdeuten in: „Es ist alles okay, so wie ich es tue." Entkräften Sie Ihre Glaubenssätze mit positiven Glaubenssätzen und geben Sie den negativen nicht weiter die Möglichkeit, Ihnen Ihr Leben zu diktieren und Ihre Lebensqualität zu verringern. Rufen Sie den positiven Glaubenssatz immer wieder ins Gedächtnis, bis er sich verinnerlicht hat.

Hier sind einige Beispiele, die Ihnen das Abändern negativer Glaubenssätze aufzeigen sollen:

Mich mag keiner.	→	Menschen, die mir ähnlich sind, mögen mich.
Ich kann das eh nicht.	→	Ich kann alles, wenn ich will und ich muss es versuchen.
Man kann niemandem trauen.	→	Es gibt viele Menschen, die ehrlich sind und denen man ruhig vertrauen kann.

Entscheiden Sie sich bewusst, welche Glaubenssätze sinnvoll sind und welche nicht. Stärken Sie das Positive in sich, indem Sie Ihren Fokus darauf lenken. Sie allein haben Ihr Leben und die Richtung, in die es geht, in der Hand. Um letzten Endes also wirklich gelassener zu werden und zu mehr innerer Ruhe zu kommen, gibt es also nur einen Weg: Finden Sie Ihre Glaubenssätze heraus und ändern Sie sie. Dies trifft natürlich nur auf die Glaubenssätze zu, die Sie in Ihrem Leben oder im Alltag eher behindern und Barrieren sind.

Für die Aufarbeitung Ihrer Glaubenssätze finden Sie auch auf den folgenden Seiten wieder praktische Kopiervorlagen.

Meine Glaubenssätze – Ins Bewusstsein holen, darüber nachdenken, abändern und visualisieren

Alter Glaubenssatz	Mein Gefühl dazu	Neuer Glaubenssatz	Mein Gefühl dazu

Anmerkung: Diese Vorlage soll Ihnen helfen, Ihre Glaubessätze zu entschlüsseln und abzuändern. Beschreiben Sie Ihre Gefühle zu jedem Glaubenssatz, deuten Sie ihn um und notieren Sie erneut Ihre Gefühle dazu. Es ist einfacher, Ihre Glaubensätze vor Augen zu haben.

Meine Erwartungen an mich selbst und an Andere

Ich muss…	Mein Gefühl dabei	Der/Die Andere/n müssen	Mein Gefühl dabei

Anmerkung: Diese Tabelle dient dazu herauszufinden, welche Erwartungshaltungen Sie an sich selbst und an Andere haben und welche Gefühle Sie dabei verspüren. Ein Beispiel hierfür wäre: „Ich muss heute putzen.“, oder „Mein Mann muss den Müll rausbringen.“

Visualisierung – Schaffen Sie Ihre eigene Wirklichkeit

Um Glaubenssätze erfolgreich von negativ in positiv zu ändern und diese genauso unbewusst zu verinnerlichen, wie die negativen ist es wichtig, den Erfolg, den positive Glaubensätze mit sich bringen, auch zu visualisieren. Sie müssen es sich vor Ihrem inneren Auge vorstellen und auch die Gefühle dabei wahrnehmen. Durch die Vorstellung entsteht für das Gehirn eine Art Lerneffekt und es wird in den entsprechenden Situationen nach einer gewissen Zeit von selber den positiven Glaubenssatz abrufen. Ihr Gehirn macht nämlich keinen Unterschied zwischen Dingen, die Sie wirklich erleben oder ob diese nur in Ihrer Vorstellung stattfinden. Sie trainieren somit Ihr Gehirn, sich in bestimmten Situationen anders zu orientieren und Ihr Verhalten entsprechend anzupassen. Aber Sie müssen es immer und immer wieder üben und den Glaubenssatz zunächst immer wieder bewusst ins Gedächtnis holen.

Denken Sie dran, meist sind es nicht die Dinge an sich, die den Menschen eigentlich beunruhigen, sondern es ist seine Sicht auf die Dinge.

SCHRITT 7: TURBO-ENTSPANNUNGSÜBUNGEN FÜRS BÜRO UND ZUHAUSE

Oft ist unser tägliches Leben geprägt von Stress und Hektik. Auch im Berufsleben führen die beiden Faktoren oft zu gesundheitlichen Problemen wie Rückenschmerzen, Kopf- und Nackenschmerzen bis hin zu psychischen Beschwerden wie Burn Out. Wenn Sie unter ständiger Anspannung stehen, verkrampft sich Ihre Muskulatur und die Atmung wird flach und schnell. Man ist quasi in Angriffsposition, was ein rückständiger Urinstinkt aus früheren Zeiten ist. Ursachen für Stress sind häuft ein steigender Leistungsdruck oder auch Zeitdruck vor allem im Berufsleben, aber auch im Alltag. Reagieren Sie daher nicht erst, wenn es schon zu spät ist, denn Vorbeugen ist immer besser als Heilen. Mit den richtigen Entspannungsübungen können Sie einen großen Beitrag für Ihre

Gesundheit leisten und sie können sogar ganz einfach und problemlos in den Arbeitsalltag integriert oder zu Hause durchgeführt werden. So bleiben Körper und Geist fit und gesund.

Hier kommen fünf Beispiele für eine schnelle Entspannung im Büro und im Alltag:

1. *Bauchatmung:*
   Setzen Sie sich für diese Übung ganz entspannt hin und legen Sie Ihre Hände auf den Bauch. Durch die Nase atmen Sie nun langsam ein und wieder aus und spüren Sie dabei, wie sich Ihre Bauchdecke nach vorne wölbt und wieder senkt. Durch diese Übung verlangsamt sich Ihre Atmung und gibt Ihnen ein Gefühl von Entspannung und Beruhigung. Diese Übung funktioniert übrigens auch sehr gut, wenn Sie aufkommende Wut oder Ärger verspüren und kann Kurzschlussreaktionen vorbeugen.
2. *Den Blick in die Ferne schweifen lassen:*
   Gerade im Berufslaben und wenn man viel auf den Bildschirm schauen muss, verspannt sich die Schulter- und Nackenmuskulatur und beansprucht aber auch gleichzeitig die Augen sehr stark. Um diesen beiden Unannehmlichkeiten entgegenzuwirken, können Sie folgendes tun: suchen Sie sich einen Punkt in der Ferne (am besten schauen Sie dabei aus dem Fenster oder ans andere Ende des Büros) und fokussieren Sie diesen mehrmals täglich. Dadurch kann sich der Augenmuskel immer mal wieder entspannen und auch das kurze Abschalten und sprichwörtliche „in die Ferne schweifen“ wirkt entspannend.
3. *Kräftig strecken:*
   Nicht nur nach dem Aufstehen tut es gut, sich einmal richtig lang zu machen und ordentlich zu strecken, sondern auch einfach zwischendurch im Büro oder zu Hause. Wenn Sie dabei gähnen müssen, umso besser, damit tanken Sie gleich noch etwas

Sauerstoff. Vielleicht können Sie währenddessen ein Fenster öffnen für etwas frische Luft.

4. *Ein kurzer Spaziergang:*
   Nutzen Sie Ihre Pausen für kurze Spaziergänge, am besten an der frischen Luft. Aber auch eine Runde durchs Büro oder der Gang zum Wasserspender schaffen Abwechslung und Entspannung und lassen Kraft für Kreativität zu. Denken Sie daran: die besten Ideen hat man oft unter der Dusche oder sogar auf der Toilette (Augenzwinkern).
5. *Kurzurlaub im Kopf:*
   Für diese Übung benötigen Sie einzig und alleine Ihre Vorstellungskraft. Schließen Sie Ihre Augen und legen Sie den Fokus auf Ihre Atmung, gehen Sie auf eine kurze Reise. Rufen Sie eine Erinnerung an einen schönen und entspannenden Augenblick auf, zum Beispiel an den letzten Sommerurlaub am Strand, ein erholsamer Spaziergang im Wald oder ein entspannter Morgen im Bett. Machen Sie eine Gedankenreise und entspannen Sie sich dabei.

Blitzentspannung für den Notfall

Was tun, wenn es plötzlich zu einer extrem stressigen oder schwierigen Situation kommt und Sie schnell einen ruhigen und klaren Kopf brauchen? Das Zauberwort heißt „Blitzentspannung" und führt, wie es der Name schon sagt, schnelle Entspannung durch gezieltes Atmen und Zählen in Gedanken herbei. Und so funktioniert es:

Atmen Sie ganz tief ein und gleich wieder komplett aus. Beim nächsten Atemzug halten Sie die Luft für circa zehn Sekunden an und zählen gedanklich von 1001 aufwärts. Es dürfen natürlich auch ein paar Sekunden weniger sein, je nachdem, wie es für Sie angenehm ist. Diesen Vorgang wiederholen Sie für zwei bis drei Minuten immer wieder, bis spüren, dass Sie entspannter werden.

Muskeln an- und entspannen für mehr Entspannung

Diese kurze Entspannungsübung beruht auf dem Konzept der Muskelrelaxation nach Jacobson, indem man einzelne Muskelgruppen zunächst an- und dann wieder bewusst entspannt. Auch diese kurze Übung kann schnell durchgeführt werden und verhilft zu mehr Entspannung. Spannen Sie für circa zehn Sekunden Ihre Muskeln oder auch einzelne Gruppen von Muskeln an. Achten Sie dabei darauf, nicht zu verkrampfen und atmen Sie ruhig und gleichmäßig. Lassen Sie nun wieder los und entspannen Sie die Muskeln wieder. Lassen Sie sich Zeit und wiederholen Sie die Übung, bis sich entspannter fühlen.

Atemübung

Mit diesem Entspannungstraining können Sie vor und auch während stressigen Situationen etwas Anspannung abbauen. Legen Sie dafür Ihre Hand auf den unteren Bereich Ihres Bauches, unterhalb des Bauchnabels. Atmen Sie nun tief ein und verfolgen Sie den Luftstrom, der bis nach unten zu Ihrer Hand fließt. Sie spüren, wie sich Ihre Hand hebt und senkt. Folgen Sie dem Luftstrom nun wieder in die andere Richtung, wie er wieder durch Mund oder Nase aus Ihnen herausströmt. Sie spüren auch hier wieder, wie sich Ihre Hand hebt und senkt. Wiederholen Sie dieses Vorgehen mehrere Minuten lang und konzentrieren Sie sich nur auf Ihre Atmung. Vielleicht haben Sie die Möglichkeit, diese Übung zunächst im Liegen durchzuführen, da Sie so Ihre Hand besser spüren können. Mit etwas Übung können Sie dann die Übung auch im Sitzen oder auch ohne Hand durchführen und entspannen.

Eine kurze Entspannungsmassage

Sorgen Sie mit einer kurzen Massage für Entspannung. Eine Massage wirkt ausgleichend und der Fokus auf die Atmung entspannend.

Dadurch können Sie sich besser konzentrieren und Ihr Stresslevel senken.

Setzen Sie sich hierfür aufrecht hin, am besten auf einen Stuhl. Stellen Sie Ihre Füße fest und hüftbreit auf den Boden und schließen Sie Ihre Augen. Fokussieren Sie Ihre Gedanken nur auf Ihre Atmung, wie Sie ein- und wieder ausatmen und wie sich dabei Ihre Bauchdenke hebt und wieder senkt.

Legen Sie nun Ihre Hände auf die Stirn, spreizen Sie dabei Ihre Finger und die Fingerspitzen sollten den Haaransatz berühren. Fahren Sie sich nun langsam mit Ihren Fingern durchs Haar zum Hinterkopf, so als wollten Sie sich kämmen. Üben Sie dabei einen sanften Druck auf die Kopfhaut aus. Anschließend lassen Sie Ihre Hände seitlich über die Ohren hinweg zurück nach vorne gleiten. Diese Massageübung sollten Sie circa zehn Mal wiederholen.

Nun „waschen" Sie Ihre Haare indem Sie sich vorstellen, Sie würden Shampoo darüber verteilen und auf der Kopfhaut einmassieren. Üben Sie auch hier wieder einen angenehm sanften Druck aus. Lassen Sie die Fingerspitzen dabei leichte kreisende Bewegungen ausführen.

Als nächstes werden die Schläfen massiert. Legen Sie dafür Ihren Zeige- und Mittelfinger auf beide Schläfen und massieren Sie diese, indem Sie kleine kreisförmige Bewegungen machen. Wiederholen Sie die Massage. Sie sollten sie zehn Mal im Uhrzeigersinn und zehn Mal entgegengesetzt des Uhrzeigersinns durchführen.

Auch dem Nacken tut eine kurze Entspannungsmassage gut. Tasten Sie hierfür an Ihrer Halswirbelsäule nach einem hervorspringenden Wirbel. Umfassen Sie mit einer Hand (je nachdem, ob Sie Rechst- oder Linkshänder sind) von vorne ausgehend nach hinten streichend Ihren Hals beziehungsweise Nacken und legen Sie sie auf den Wirbel. Streichen Sie nun von dort aus mit leichtem Druck nach vorne zum Schlüsselbein und wiederholen Sie die Übung circa zehn Mal. Gleiches tun Sie anschließend mit der anderen Hand.

Schenken Sie jedem Tag ein Lächeln

Vielleicht ist Ihnen gerade überhaupt nicht nach Lachen zu Mute und trotzdem, versuchen Sie, zu lächeln. Bewegen Sie Ihre Gesichtsmuskulatur so, als würden Sie lachen, denn damit können Sie Ihrem Gehirn ein Schnippchen schlagen. Durch das Lachen wird ein bestimmter Nerv angeregt, der dem Gehirn das Signal gibt „ich bin fröhlich". Je mehr Sie also lachen, umso mehr wird dieser Nerv angeregt. Lachen und die Bewegungen, die dabei ausgeführt werden, haben immer Wirkung auf neurochemische Abläufe in unserem Gehirn. Durch Lachen entspannt sich die Muskulatur und somit auch die Nerven.

Fokussieren

Eine einfache und schnelle Methode, um etwas Entspannung herbeizuführen ist das Fokussieren. Dabei suchen Sie sich im Raum einen beliebigen Punkt, den Sie sich bewusst und ganz in Ruhe fokussiert anschauen. Analysieren Sie dabei nicht, schauen Sie sich den Punkt einfach nur an und atmen Sie dabei tief ein und anschließend aus. Spüren Sie in sich hinein, wie Ihr Atem in Sie hineinströmt und wieder raus. Lassen Sie die Gedanken schweifen und vorbeiziehen, wie viele kleine Wolken am blauen Himmel. Achten Sie immer nur auf Ihre Atmung und den Punkt, den Sie fokussieren.

Probieren Sie die Übungen alle aus, um herauszufinden, welche für Sie am geeignetsten ist und welche Ihnen gut tut. Diese Übungen können dabei helfen, etwas Stress abzubauen, fördern die Konzentration, beruhigen bei Prüfungsängsten und vor allem verhelfen Sie zu mehr Gelassenheit und innerer Ruhe.

SCHRITT 8: BEISPIELE AUS DEM TÄGLICHEN LEBEN

Einige beispielhafte Geschichten aus dem alltäglichen Leben sollen Ihnen verdeutlichen, wie Sie bestimmte Situationen mit mehr Gelassenheit und Selbstreflexion positiv und zu Ihren Gunsten verändern können. Es sind Beispiele, die jedem bestimmt so oder so ähnlich schon einmal begegnet sind.

Geschichte 1: „Ich bin nichts wert"

Die Geschichte handelt von Kerstin, einer schüchternen und zurückhaltenden Bürokauffrau, die sich meistens nicht traut, ihre eigene Meinung zu sagen. Von ihrem kollegialen Umfeld wird Sie nicht ernst genommen und meist nur belächelt. Tag für Tag quält sich Kerstin mit einem Kloß im Hals an die Arbeit und sie hat Angst davor, ihren Kollegen und Kolleginnen ins Gesicht zu schauen. Ihr Selbstwertgefühl geht gegen Null und sie denkt von sich selbst, sie sei nichts wert und könne auch nichts. Arbeiten, auf die ihre Kollegen oder Kolleginnen keine Lust haben, bekommt Kerstin aufs Auge gedrückt, denn sie beschwert sich ja eh nicht. Wie könnte Kerstin es schaffen, diese Situation zu ändern und positiver und selbstbewusster auftreten? Das wichtigste ist zunächst für Kerstin, ihre negativen Glaubenssätze aufzudecken, zu überlegen, woher diese rühren und diese dann abzuändern. Hierfür ist das Frage- und Antwort-Schema. das bereits in einem vorherigen Kapitel angesprochen wurde, hilfreich. Kerstin sollte nach folgenden Fragen vorgehen:

Macht diese Überzeugung wirklich Sinn oder ist sie doch eher unlogisch?
Welche Konsequenzen bringen meine Überzeugungen mit sich und welche Gefühle lösen Sie aus?
Was würde eine Änderung meiner Ansichten bewirken?

Welches Verhalten wäre besser?
Welche Konsequenz hätte dies für mich und welche Gefühle sind damit verbunden?

Was könnte Kerstin also nun konkret tun, um die Situation zu ändern? Zu Beginn sollte Kerstin üben, sich ihr Leben und den Büroalltag positiv vorzustellen. Sie könnte sich vorstellen, wie es wäre, wenn sie es schaffen würde, ihren Kollegen und Kolleginnen in die Augen zu schauen, ihre Meinung zu äußern und sich nicht alles gefallen lassen würde. Diese Vorstellung muss Kerstin immer und immer wieder durchspielen und auch die Gefühle dabei verinnerlichen. So kann sich ihr Gehirn diese Vorstellung merken und irgendwann automatisch die entsprechenden Handlungen dazu einleiten. Im privaten Umfeld könnte Kerstin zunächst versuchen, sich andere Handlungsweisen anzutrainieren und Dinge zu tun, die sie sich auf Grund ihrer schüchternen Art sonst nicht zutrauen würde. Dabei ist es wichtig, dass sie sich ihre Ziele nicht zu hoch steckt und kleine Schritte macht. Zum Beispiel könnte sie eine Packung Kondome in der Apotheke oder im Laden kaufen und ihre Scheu überwinden. Nach und nach können immer bedeutendere Dingen geübt werden. Nach einer gewissen Übungszeit wird Kerstin immer selbstbewusster ihren Kolleginnen und Kollegen aus dem Büro entgegentreten und auch dort immer mehr Dinge nach und nach verändern.

Ohne etwas zu ändern, wird Kerstin immer die zurückhaltende Kollegin bleiben, die man leicht ausnutzen kann.

Geschichte 2: Olaf kann nicht schlafen

Olaf leidet immer wieder unter Einschlafproblemen und ist deshalb frustriert und auch deprimiert. Er sollte am gestrigen Tag um 8:00 Uhr morgens zu einem Termin mit einem wichtigen Kunden, doch da er am Abend zuvor wieder nicht einschlafen konnte und bis spät in die Nacht wach lag, hatte er verschlafen und den Termin verpasst. Völlig abgehetzt erschien er gegen 9:00Uhr dann im Büro, der Kunde war verärgert und längst weg. Nun wurde er von seinem Chef zu einem Gespräch gebeten und Olaf ist sehr angespannt und nervös. Wie kann Olaf nun möglichst gelassen an dieses Gespräch herangehen? Als erstes muss Olaf klar sein, dass er leider wirklich einen Fehler gemacht hat und er sollte dazu auch offen und ehrlich stehen. Dies zu leugnen wird ihm nicht helfen. Am besten macht er vor dem Gespräch eine kurze Atemübung, um das Stresslevel etwas abzubauen, ruhiger zu werden und seine Nervosität etwas zu reduzieren. Außerdem ist es wichtig, dass Olaf nicht in der Erwartung in dieses Gespräch geht, dass es ein schlechtes Gespräch mit negativem Ausgang sein wird, sondern, dass er positiv denkt. Er sollte sich reumütig verhalten, mit offenen Karten spielen und vielleicht einen Lösungsvorschlag dabei haben. Er könnte seinem Chef zum Beispiel vorschlagen, morgens erst etwas später anzufangen, so wäre am späteren Nachmittag auch noch ein Ansprechpartner in der Firma. Außerdem sollte Olaf klären, woher die Einschlafprobleme rühren. Sollte eine zu hohe Stressbelastung am Arbeitsplatz der ausschlaggebende Faktor sein, sollte Olaf mit seinem Chef darüber sprechen, damit dieser das Arbeitspensum etwas senken kann, denn er hat seinen Mitarbeitern gegenüber eine Sorgfaltspflicht. Olaf könnte auch noch vorschlagen, sich wegen seiner Schlafprobleme einer ärztlichen Untersuchung zu unterziehen und an einem Entspannungskurs teilzunehmen.

Rückt Olaf mit seinen wirklichen Problemen nicht raus und hört sich einfach nur reumütig die Ermahnung seines Chefs an, würde er um die eigentlichen Probleme seines Mitarbeiters nicht Bescheid wissen und denken, er habe einfach nur einen wichtigen Kundentermin verpatzt. Er wüsste nichts von der eventuellen Stressbelastung seines Mitarbeiters und könnte ihm auch nicht helfen. So kann er gemeinsam mit seinem Chef nach einer Lösung suchen und auf das Verständnis seines Chefs hoffen. Wichtig ist, sich vor dem Gespräch zu sammeln und nicht den negativen Glaubenssätzen das Ruder überlassen.

Geschichte 3.: Überforderte Hausfrau

Janina ist Hausfrau und mit ihrem Leben unzufrieden. Sie beschwert sich jeden Tag und begegnet ihrem Ehemann und den beiden Kindern mit Vorwürfen. Sie wirft ihrem Mann vor, er wäre nie für sie da und sie müssen sich um alles alleine kümmern. Ihre beiden Kinder sind schon fast erwachsen und betätigen sich so gut wie nicht im Haushalt, stattdessen entspannen sie sich und gehen ihren Hobbies nach. Der Haushalt bleibt an Janina alleine hängen und ständig liegen irgendwelche Sachen ihrer beiden Teenager-Kinder herum, die sie wegräumen muss. Sie wünscht sich ein gelasseneres und glücklicheres Leben, doch wie kann sie dies anstellen?

Sie sollte als erstes überlegen, welche Umstände sie in ihrem Alltag und Leben verändern möchte. Sie wünscht sich mehr Unterstützung und fühlt sich ausgenutzt. Doch sie sollte sich klar machen, dass auch ihr Mann Sorgen und Nöte mit sich herumträgt und von Janinas Überforderung vielleicht gar keine Ahnung hat. Sie sollte sich mit ihrer ganzen Familie einmal zusammensetzen und ihre Probleme und Gefühle ohne Vorwürfe und ganz sachlich besprechen. Sie sollten gemeinsam versuchen, eine faire Lösung zu finden. Wie könnten die Arbeiten besser und gerechter untereinander aufgeteilt werden? Janina könnte eine Art Wochen-Arbeits-Plan erstellen mit all den Tätigkeiten, die die Woche über so im Haushalt anfallen. Sie sollte ihren Kindern auch sagen, dass sie enttäuscht darüber ist, wie es läuft und dass sie sich über herumliegende Dinge sehr ärgert.

Janina sollte auch über ihr eigenes Verhalten nachdenken und über die Erwartungen, die sie an sich selbst stellt. Spielen in ihr Verhalten vielleicht Prägungen und Glaubenssätze aus der Kindheit mithinein, wonach alles zu hundert Prozent ordentlich und sauber sein muss? Denn dies würde ebenfalls für Stress bei Janina sorgen. Sie sollte deshalb ihre Glaubenssätze überprüfen und gegebenenfalls abändern. Sie sollte sich selbst etwas Entspannung gönnen.

Wenn Janina allerdings nichts ändert und weiterhin nur in Form von Vorwürfen kommuniziert, wird es auf Dauer zu Problemen in der Ehe kommen. Daher ist es wichtig, offen über ihre Situation und ihre Gefühle zu sprechen. Außerdem kann dauerhafter Stress krank machen und Janina wäre nur noch unglücklich. Mit einem sachlichen und offenen Gespräch können die Mitglieder der Familie Verständnis für ihre Situation entwickeln und respektvoll und lösungsorientiert miteinander umgehen.

SCHRITT 9: DER KONKRETE PLAN FÜR ERSTE SCHRITTE ZU MEHR GELASSENHEIT

Überlegen Sie sich nun konkret, womit Sie beginnen wollen und was der erste Schritt sein soll. Was möchten Sie als erstes ändern? Am besten tun Sie dies in einer Art Stufenplan. Wählen Sie Ihre ersten Schritte sorgfältig und nicht zu groß, damit Sie sich nicht gleich zu Beginn überfordern. Gehen Sie positiv an die Sache heran, denn wie wir gelernt haben, geben unsere Gedanken unseren Weg vor und formen unseren Alltag. Seien Sie geduldig mit sich selbst und erwarten Sie nicht gleich zu viel. Veränderungen brauchen Zeit, sie kommen nicht von heute auf morgen.

Haben Sie Selbstvertrauen und glauben Sie an sich selbst. Jede große Reise beginnt mit ersten kleinen Schritten.

Wie können also nun konkret die ersten Schritte beziehungsweise der Plan dafür aussehen?

1. Ihre ersten Schritte sollten Sie bis ins Detail definieren und mit einem Ziel und kleineren Zwischenzielen sowie mit Datum versehen. Notieren Sie sich diese und planen Sie sie ganz konkret.
2. Sprechen Sie mit anderen über Ihre Pläne und finden Sie Menschen, die Sie dabei unterstützen und motivieren. Es sollten möglichst neutrale Personen sein.

3. Welche Fähigkeiten und Dinge benötigen Sie für die Umsetzung Ihrer Pläne und wie wollen Sie vorgehen?
4. Was müssen Sie tun, um die jeweiligen Ziele zu erreichen.
5. Wie können Sie sich durch Freunde und Familie Unterstützung auf Ihrem Weg holen?

Denken Sie bei jedem Schritt auch darüber nach, was dieser für Sie selbst bedeutet und welche Veränderung er mit sich bringt. Welche Reaktionen kommen von Freunden und Familie? Welche Gefühle werden Sie haben, wenn Sie Ihr erstes Ziel erreicht haben? Wie soll das Endergebnis nach dem Erreichen des Ziels aussehen, was wünschen Sie sich? Stellen Sie sich die neue Situation, wenn Sie Ihr Ziel erreicht haben, genau vor und wie es sich anfühlt. Gehen Sie jeden Schritt gedanklich durch. Denken Sie auch an mögliche Personen, die damit verbunden sind. Vergessen Sie nie: Sie alleine sind für Ihr Glück verantwortlich.

Notizen auf dem Weg zum Ziel - Gedanken, Ideen und Erfolge festhalten

Notieren Sie sich regelmäßig Ihre Gefühle und Eindrücke, die Ihnen auf Ihrem Weg begegnen. Welche Erfolge erzielen Sie und auf welche Probleme stoßen Sie möglicherweise. Wenn Sie dies in regelmäßigen Abständen niederschreiben haben Sie einen besseren Überblick und reflektieren Rollen und Verantwortlichkeiten, die auf Ihrem Weg involvieret sind. Außerdem haben Sie so auch immer Ihre Aufgaben und Erfolge vor Augen.

Ziel: Belohnen Sie sich und fühlen Sie die neugewonnene Freiheit

Eine alte Volksweisheit besagt: „Wer seinen eigenen Weg geht, dem wachsen Flügel." Wenn Sie Ihre „Flügel" bereits spüren können und Sie Ihr Ziel erreicht haben, dann feiern Sie das auch. Belohnen Sie sich mit etwas Besonderem und seien Sie stolz auf sich, Sie es haben es mehr als verdient. Wenn Sie es jetzt geschafft haben gelassener zu leben und zu handeln, als vielleicht noch vor einem halben Jahr, dann genießen Sie dieses Gefühl der inneren Befreiung.

Kapitel 4: Übungen für ein entspannteres Leben

ENTSPANNUNG AUF KNOPFDRUCK

Kaum zu glauben, aber doch wahr: es bedarf nur eines kleinen Handgriffs, um innerhalb weniger Sekunden zu mehr Entspannung zu gelangen. Auch wenn es im ersten Moment ziemlich unrealistisch klingt, es funktioniert. Es gibt einen bestimmten Punkt an unserem Körper, den man durch Klopfen und Stimulation anregen kann, wodurch Sie in wenigen Sekunden das Gefühl von mehr Entspannung, Glück und Zufriedenheit bekommen. Dieser geheimnisvolle Druckpunkt für mehr Glück ist die Thymusdrüse.

Doch was ist die Thymusdrüse überhaupt und wofür ist sie gut?

Sie ist ein kleines Organ und Teil unseres lymphatischen Systems und somit auch Teil unseres Immunsystems. Die Thymusdrüse hat die Aufgabe, sogenannte T-Lymphozyten beziehungsweise Abwehrzellen zu bilden um „Eindringlinge" also fremde Erreger im Körper abzuwehren. Die Thymusdrüse beginnt ab der Geburt mit Ihrer Arbeit und unterscheidet körpereigene Zellen von krankmachenden körperfremden Zellen. Bis zum Einsetzen der Pubertät bleibt Sie zunächst gleich groß, ab diesem Zeitpunkt wird sie immer kleiner und ihr Gewebe immer mehr durch Fettgewebe ersetzt, welches keine Funktion hat. Die meisten Menschen glauben, sie hätte danach keine weitere Funktion mehr, doch das stimmt nicht. Durch eine gezielte Stimulation können Sie die Drüse sozusagen aus Ihrem „Dornröschenschlaft" erwecken. Durch gezieltes Klopfen und Entspannen können Sie Energie freilassen. Doch die kleine Drüse muss man erstmal finden, um sie aktivieren zu können. Sie befindet sich im Brustkorb oder auch Mediastinum genannt. Dies ist der Mittelfellraum oberhalb des Brustbeins in der Körpermitte. An dieser Stelle klopfen Sie circa fünf Zentimeter unterhalb Ihres Schlüsselbeinknochens unter Ihrem Hals, denn darunter befindet sich die Thymusdrüse. Versuchen Sie herauszufinden welche Intensität für Sie die beste ist und klopfen Sie so fest und so lange, wie es für Sie angenehm ist. Beginnen Sie zunächst mit einer Dauer von fünfzehn bis zwanzig Sekunden und steigern Sie diese Spanne im Laufe der Zeit. Sie können die Übung auch mehrmals am Tag durchführen.

Möglicherweise verspüren Sie nach einiger Zeit das Bedürfnis tief Luft zu holen oder zu gähnen. Das ist das Zeichen, dass der Körper Stress abbaut und sich beginnt zu entspannen.

Yoga-Atemübungen zur Entspannung

Stress ist nicht nur für den Körper Gift, sondern auch für die Psyche. Zu viel Stress an der Arbeit, zu viele Termine, zu viel hier, zu viel da, man funktioniert nur noch. Schon bald fangen vielleicht die Augenlider an, nervös zu zucken und es kommt zu Schlafstörungen. Sie kommen vielleicht kaum noch richtig zur Ruhe. Mit gezielten Yoga-Übungen können Sie Ihr Stresslevel schnell und langfristig verringern. Dabei müssen es nicht immer die komplizierten und extravaganten Übungen sein, die zu mehr Entspannung verhelfen. Bereits einfache Yoga-Atemübungen ohne viel körperlichen Einsatz können bei Stress und Überlastung helfen. Dabei verlangsamt sich der Herzschlag und auch der Blutdruck wird gesenkt. Suchen Sie einen ruhigen ungestörten Platz auf und nehmen Sie sich ein paar Minuten Zeit, ein paar Minuten nur für sich selbst. Dabei setzen Sie sich aufrecht hin.

Übung 1: Langes und tiefes Atmen:

Atmen Sie tief in den Bauch ein, Ihre Bauchdecke hebt sich leicht nach vorne. Der Bauch und die Lungen werden mit Luft gefüllt, der Brustkorb weitet sich nach vorne und zur Seite. Anschließend atmen Sie weiter, bis Sie die Atmung beim Schlüsselbein spüren. Dann atmen Sie in entgegengesetzter Reihenfolge wieder aus. Zum Schluss die Luft aus dem Bauch rausatmen, bis alles draußen ist. Achten Sie auf Ihre Atmung und bleiben Sie dabei entspannt. Den besten Effekt erzielen Sie mit dieser Übung, wenn Sie sie in regelmäßigen Abständen wiederholen.

Übung 2: Durchs linke Nasenloch atmen

Das rechte Nasenloch wird dabei mit dem Daumen der rechten Hand zugehalten, alle anderen Finger sind ausgestreckt. Atmen Sie nun tief und ganz sachte durch das linke Nasenloch ein und auch wieder aus.

Übung 3: Feueratem

Mit dieser sehr kräftigen Atemübung stärken Sie Ihr Nervensystem, gelangen zu mehr Durchhaltevermögen und erhöhen die Sauerstoffzufuhr im Gehirn. Man kann die Übung mit einem Blasebalg vergleichen. Dabei wird die Luft beim Ausatmen mit viel Kraft ausgestoßen, der Bauch bewegt sich dabei nach innen. Der Bauch wölbt sich beim Einatmen nach außen. Das Ein- und Ausatmen sollte jeweils circa Dreißig Sekunden dauern und die Übung sollte mindestens zwanzig Mal wiederholt werden.

Übung 4: Kanonenatmung

Auch hierbei handelt es sich wieder um eine sehr kraftvolle Atemtechnik, die sich unter anderem positiv auf das Verdauungssystem und das Nervensystem auswirkt. Die Lippen werden dabei zu einem „O“ geformt und Sie atmen schnell ein und aus. Die Wangen werden dabei nicht aufgeblasen. Die Atemzüge sind wie Kanonenschüsse, der Bauch wölbt sich beim Einatmen leicht nach außen, beim Ausatmen nach innen. Mit jedem Atemzug kann Anspannung abgegeben werden.

Übung 5: Die Biene

Mit dieser Übung sammeln Sie Energie und lösen gleichzeitig negative

Gedanken. Dabei wird während des Einatmens ein Schnarchton erzeugt, der einer Hummel ähnelt und beim Ausatmen ein Summton, wie der Klang einer Biene.

Anti-Stress-Yoga – Übungen mit Sofort-Effekt

Wenn Sie sich platt und mit Ihren Nerven am Ende fühlen, können Sie natürlich auch noch mehr tun, als „nur" Atemübungen. Um Rückenschmerzen, Schlafproblemen und schlechter Laune entgegenzuwirken, gibt es einige Yoga-Übungen mit schnellem Anti-Stress-Effekt.

1. Der Stuhl-Flow

Diese Übung können Sie jederzeit durchführen, sobald Ihnen der Stress wieder mal über den Kopf wächst. Gehen Sie dazu an die frische Luft oder ans geöffnete Fenster. Verbinden Sie die Atmung mit Ihrer Bewegung. Dies baut nicht nur Stress ab, sondern steigert den Stoffwechsel und Sie können entspannt an neue Herausforderungen herangehen.

Stellen Sie sich gerade und aufrecht hin, so dass sich die Füße leicht gegenseitig berühren. Während Sie nun einatmen, strecken Sie Ihre Arme nach oben. Beim Ausatmen gehen Sie mit den Knien in die Beuge und tun so, als ob Sie sich auf einen Stuhl setzen wollten. Den Bauchnabel ziehen Sie dabei nach innen und oben. Halten Sie diese Position und machen Sie drei entspannte und tiefe Atemzüge. Nun atmen Sie wieder ein und strecken Ihre Beine wieder. Ihre Hände bringen Sie vor Ihr Herz in die Gebetshaltung und stellen sich nun auf Ihre Zehenspitzen. Halten Sie die Position wieder und machen Sie drei Atemzüge. Gehen Sie nun während Sie ausatmen wieder in die Stuhlposition. Die Übung wiederholen Sie insgesamt zehn Mal.

2. Dynamische Dehnung

Wer immer nur unter Druck und Anspannung steht oder viele Sorgen hat, verspannt oft seine Muskulatur im Rücken. Eine dauerhafte

Anspannung der Muskulatur führt zu Schmerzen und so beginnt ein Teufelskreis. Der Schmerz führt zu einer Schonhaltung und es kommt zur Verstärkung der Schmerzen. Daher ist das wichtigste nun, in Bewegung zu bleiben. Gerade eine verspannte Rückenmuskulatur benötigt Bewegung, um eine gute Durchblutung zu haben. Die folgende Übung kann Ihnen dabei helfen, diesen Teufelskreis zu durchbrechen, Ihren Rücken mobil zu halten und Blockaden in Ihrer Wirbelsäule zu lösen.

Setzen Sie sich für diese Übung hin und spreizen Sie Ihre Beine so weit wie möglich auseinander. Die Zehen zeigen dabei gerade nach oben und Ihre Fersen sind fest im Boden vergraben. Spannen Sie nun Ihre Beinmuskulatur an und öffnen Sie Ihre Arme seitlich in Schulterhöhe, während die Handflächen dabei nach vorne zeigen. Während Sie ausatmen, drehen Sie nun Ihren Oberkörper nach rechts mit gestreckten Armen. Dabei drücken Sie die linke Hand mit Kraft gegen die Außenseite des rechten Fußes oder alternativ außen gegen die rechte Wade. Ihre beiden Arme halten Sie nun in einer schrägen Linie. Sie schauen dabei nach rechts. Diese Haltung behalten Sie drei Atemzüge bei und wechseln dann die Seite. Wiederholen Sie diese Übung fünf Mal und spüren Sie ihr einen Moment nach.

3. Das Kamel

Fehlt es Ihnen einmal an Energie und Sie fühlen sich antriebslos und müde, gibt es auch hier eine passende Yogaübung, um Ihre Batterien zu füllen. Mit unkomplizierten Rückbeugen können Sie hier schnell entgegenwirken und sie wecken in Ihnen wieder die Lebensgeister. Man kann diese Übung auch hervorragend morgens nach dem Aufstehen machen. So starten Sie mit voller Energie in den Tag.

Die Übung Kamel steigert Ihre Energie und zwar nicht nur auf körperlicher, sondern auch auf geistiger Ebene.

Begeben Sie sich für diese Übung auf die Knie und stellen Sie Ihre Knie und die Füße hüftbreit auseinander. Die Hände platzieren Sie am unteren Bereich Ihres Rückens. Während Sie einatmen, machen Sie Ihren Rücken gerade und richten ihn auf. Beim Ausatmen ziehen Sie Ihren Bauchnabel nach Innen. Atmen Sie ein, die Brust hebt sich dabei nach oben und gleichzeitig ziehen Sie Ihre Arme und Schultern zurück. Legen Sie Ihren Kopf wie eine Verlängerung der Brustwirbelsäule sachte in den Nacken. Sollte Ihnen dies unangenehm sein, schauen Sie stattdessen zur Brust. Wenn Sie noch weiter gehen wollen, können Sie Ihre Hände vom Rücken lösen und auf die Fersen setzen. Halten Sie die Position für fünf Atemzüge und richten Sie dann Ihren Oberkörper einatmend auf, stellen Sie die Fersen wieder auf den Boden und setzen Sie sich auf die Fersen. Spüren Sie der Übung einen kleinen Moment nach.

Vorsicht: Seien Sie bitte bei der Durchführung der Übung sehr vorsichtig und schauen Sie, dass Ihr unterer Rücken gestreckt bleibt. Sollten Sie auch nur den geringsten Schmerz verspüren, kommen Sie bitte langsam und mit kontrollierten Bewegungen zurück in die Ausgangslage und nehmen Sie die Position des Kindes ein.

4. Oberkörper kreisen

Diese Übung ist vor allem bei einem durch Stress geschwächten Immunsystem eine gute Hilfe. Ständiger Stress wirkt sich auch negativ aufs Immunsystem und die Abwehr aus und Sie werden schnell anfälliger für Krankheiten. Eine kurze Pause entspannt in hektischen Zeiten und schützt vor Erregern und Viren. Die folgende Übung stärkt Ihr körpereigenes Abwehrsystem ohne, dass Sie dafür Medikamente benötigen.

Gehen Sie für diese Übung in den Schneidersitz. Ihre Hände liegen auf den Knien. Die Wirbelsäule ist dabei aufgerichtet und lang. Lassen Sie nun Ihren Oberkörper in sanften, großen Bögen Ihre Körperachse im Uhrzeigersinn umkreisen. Wenn Ihr Oberkörper vorne ist, atmen Sie ein, wenn er hinten ist, aus. Wenn Sie Ihren Rhythmus gefunden haben, können Sie das Tempo erhöhen. Nehmen Sie eine Geschwindigkeit ein, die für Sie angenehm ist. Halten Sie diese Übung für zwei Minuten. Dann werden Ihre Bewegungen wieder langsamer und Sie kommen in einer aufrechten Haltung zur Ruhe. Wechseln Sie anschließend die Richtung und wiederholen Sie die Übung. Spüren Sie der Übung wieder einen kurzen Augenblick nach.

5. Tänzer

Diese Übung hilft besonders gut bei schlechter und depressiver Stimmung. Dauerhafter Stress und ständig erhöhte Stresshormone können krank machen und sogar Depressionen hervorrufen. Damit es soweit erst gar nicht kommt, sollten Sie Stress und schlechte Laune rechtzeitig mit gezielten Yoga-Übungen abbauen, damit Sie positiv in die Zukunft blicken können. Die Übung Tänzer ist eine wahre Gute-Laune-Übung und wirkt harmonisierend auf Ihre Nerven und fördert die Konzentrationsfähigkeit.

Verlagern Sie Ihr ganzes Gewicht bei dieser Übung auf das linke Bein. Schauen Sie in Höhe Ihrer Augen auf einen Punkt, der sich vor Ihrem Körper befindet. Ihre linke Hand geht dann zur linken Hüfte und Ihr rechtes Knie wird gebeugt. Mit der rechten Hand erfassen Sie hinter Ihrem Körper das Fußgelenk. Nun ziehen Sie Ihren Fuß so weit wie Sie können hinten nach oben. Strecken Sie nun während Sie einatmen Ihren linken Arm nach oben. Machen Sie Ihre Brust weit, indem Sie sie heben. Verweilen Sie in dieser Position so lange wie möglich. Nach einer kurzen Pause wechseln Sie auf das entgegengesetzte Bein.

Übungen zur progressiven Muskelentspannung

Verspüren wir Angst oder haben viel Stress, spannen sich automatisch und unbewusst unsere Muskeln an. Kommt es durch längere Anspannung zu Verspannungen, lassen Schmerzen nicht lange auf sich warten, häufig in Form von Nacken- oder Schulterschmerzen, die bis hin zu Kopfschmerzen führen können. Mit progressiver Muskelentspannung können Sie Muskelverspannungen gezielt und effektiv lösen und entspannen. Außerdem wirkt sich progressive Muskelentspannung positiv auf unser vegetatives Nervensystem, auf die Atmung, auf den Blutdruck, den Herzschlag und den Stoffwechsel aus. Die wohl bekannteste und effektivste Methode im Bereich der progressiven Muskelentspannung ist die nach Jacobson. Dabei werden alle großen Muskelgruppen des Körpers nach und nach angespannt und anschließend wieder bewusst und ganz aktiv entspannt.

Um die Entspannungsübung durchzuführen, nehmen Sie sich bitte circa fünfzehn bis zwanzig Minuten Zeit und suchen Sie sich einen ruhigen ungestörten Ort. Legen Sie sich bequem hin oder nehmen Sie eine bequeme Sitzhaltung ein. Atmen Sie nun mehrere Male tief ein und wieder aus und spüren Sie, wie Ihr Körper locker und schwerer wird. Nun spannen Sie Muskel für Muskel circa fünf bis zehn Sekunden lang an, so dass Sie die Lage Ihres Muskels deutlich spüren. Bitte nicht verkrampfen. Ohne große Bewegung lösen Sie anschließend wieder die Anspannung. Nehmen Sie die Entspannung bewusst wahr. Achten Sie darauf, dass bei der Übung alle anderen Muskeln entspannt bleiben.

Nehmen Sie sich nun für die Entspannungsübung circa fünfzehn bis zwanzig Minuten Zeit und suchen Sie sich einen ruhigen Ort, an dem Sie ungestört sind. Legen Sie sich bequem hin oder nehmen Sie eine bequeme Sitzhaltung ein.

Atmen Sie mehrmals tief ein und aus. Ihr Körper wird dabei zunehmend schwerer und Ihre Muskeln werden locker. Spannen Sie nun Muskel für Muskel für die Dauer von ungefähr fünf bis zehn Sekunden an. Sie sollten dabei die Lage des Muskels deutlich spüren. Verkrampfen Sie aber bitte nicht. Anschließend lösen Sie die Anspannung wieder, ohne sich dabei viel zu bewegen. Nehmen Sie die Entspannung ganz bewusst wahr und fühlen Sie ihr nach. Alle anderen Muskeln sollten währenddessen entspannt bleiben.

Machen Sie nun einige tiefe Atemzüge und lassen Sie Ihren Körper locker und angenehm schwer werden. Spannen Sie nun auch jeden weiteren Muskel nacheinander etwa fünf bis zehn Sekunden lang an – gerade so stark, dass Sie ein leichtes Ziehen verspüren und ein deutliches Gefühl für die Lage der Muskeln haben. Achten Sie darauf, nicht zu verkrampfen. Beginnen Sie mit den oberen Muskeln im Arm und arbeiten Sie sich bis nach unten zu den Zehenspitzen.

Phantasiereisen

Eine weitere Möglichkeit für Entspannungsübungen sind Phantasiereisen. Diese sind angeleitete Entspannungsübungen und basieren auf der Vorstellungskraft des Menschen. Bei jeder Phantasiereise kann die eigene Vorstellungskraft mit der erzählten Geschichte verknüpft werden und eigene Erfahrungen, Bilder, Symboliken, Gefühle und Gedanken werden mit eingebaut und angeregt. Sie werden in Erinnerung gerufen und man kommt so in Kontakt mit sich selbst.

Durch die Bilder oder Gefühle, die während der Geschichte ins Bewusstsein gerufen werden, können sich möglicherweise neue Sichtweisen und Erkenntnisse erschließen und Themen, mit denen man noch nicht abgeschlossen hat, können verarbeitet oder bearbeitet werden. Auch wenn man sich in einer Situation in einer Sackgasse befindet, kann man durch eine Phantasiereise und das Fließenlassen der Gedanken neue Perspektiven oder Lösungswege finden. Bei einer Phantasiereise können alle Sinne, also Sehen, Hören, Riechen, Schmecken und Fühlen angesprochen werden. Durch das Einbeziehen aller Sinne kann man sich noch besser in die Geschichte einfühlen.

Das Wichtigste bei einer Phantasiereise ist das Herbeiführen von Entspannung, wodurch sich der Körper samt Nervensystem und Muskulatur entspannen kann. Sie werden ruhiger und gelassener und Sie träumen mit offenen Augen und können einen Ausflug in eine andere Welt Ihres „Ichs“ genießen. Wenn Sie unter Schlafstörungen leiden, machen Sie doch einfach mal eine Phantasiereise im Bett vor dem Schlafengehen und betreten Sie so sanft das Land der Träume. Aus welchem Grund auch immer Sie eine Phantasiereise machen möchten, eine Pause von unserem hektischen Alltag bietet sie auf jeden Fall.

Vorbereitungen für Phantasiereisen:
Bei einer Phantasiereise sollten Sie möglichst eine bequeme Position einnehmen, am besten liegend auf einem weichen Untergrund und mit einem weichen Polster unter dem Kopf wie zum Beispiel ein Kissen. Legen Sie sich eine dünne Decke über die Beine. Auch die Kleidung sollte bequem sein und Schuhe ziehen Sie am besten aus. Achten Sie darauf, dass keine spitzen störenden Gegenstände, wie zum Beispiel ein Schlüsselbund, in Ihren Taschen sind. Schalten Sie Ihr Handy aus und vermeiden Sie auch sonstige Geräuschquellen. Sollten Sie Musik im Hintergrund bevorzugen, dann mit gedämpfter Lautstärke und passend zur Geschichte. Optimal für eine Phantasiereise ist außerdem eine reizarme Umgebung.

Achtung: Nehmen Sie bitte nicht an Traum- oder Phantasiereisen teil, wenn Sie unter Schizophrenie, einer Borderline-Persönlichkeitsstörung oder Selbstmordgefährdung leiden. Auch wenn Sie kürzlich einen Angehörigen verloren haben und noch in der Trauerphase sind, sollten Sie erst nach einem Jahr Trauerzeit an Phantasiereisen teilnehmen.

Phantasiereisen – Zum Aufnehmen

Auf den kommenden Seiten finden Sie Anregungen für mögliche Phantasiereisen. Diese können Sie sich zum Beispiel per Audiofunktion auf Ihr Handy sprechen, speichern und bei Bedarf abspielen. Achten Sie darauf, dass Sie sanft und mit gedämpfter Stimme sprechen und zwischendurch immer mal Pausen machen.

Phantasiereise 1: Am Meeresstrand
Setz Dich bequem hin, in eine Position, die für dich angenehm ist. Atme tief ein und wieder aus. Du begibst dich nun an einen wundervollen

Strand am Meer. Du siehst ihn schon vor dir, er ist strahlend weiß und einfach nur schön. Du setzt dich auf eine Düne und beobachtest das Meer und die Wellen. Es bewegt sich sanft und leicht hin und her. Du spürst den feinen und warmen Sand unter Dir. Du nimmst nun ein bisschen Sand in Deine Hand, er rieselt durch Deine Finger.

Der Strand liegt in einer traumhaften Bucht und in der Ferne siehst Du ein paar Felsen und große Steine. Sie halten große Wellen von der Bucht ab und schützen sie davor.

Die Sonne scheint warm und angenehm auf Deinen Körper und wärmt Dich. Die leichten Wellen des Meeres bewegen sich sanft hin und her. Du nimmst einen leichten Geruch von Salz wahr. Strecke Dich jetzt aus und genieße all das, was Du siehst und spürst, die warmen Strahlen der Sonne und das leichte Meeresrauschen.

Etwas weiter weg hörst Du das Rufen von Möwen, sie fliegen in Kreisen über der Bucht. Alles ist ruhig, nur ein leichtes Raunen, das Rauschen des Meeres. Genieße die wohltuende Meeresatmosphäre. Konzentriere Dich auf deinen eigenen Atem und lausche ihm. Du atmest ein und aus und wieder ein und wieder aus. Du spürst, wie die Wärme der Sonne durch Dich hindurchfließt und wie die Strahlen warm auf deiner Haut von den Armen, zur Brust, in den Bauch, in den Po, in die Beine, bis in die Füße und die Fußspitzen fließen. Dein ganzer Körper wird angenehm schwer.

Beobachte wieder Deine Atmung, Du spürst, wie der Sauerstoff bis in jede Deiner Zellen strömt. Du atmest ein und aus. Dein Brustkorb hebt und senkt sich und es tut Dir gut.

Nun konzentrierst Du Dich wieder auf das Rauschen des Meeres. Du fühlst, wie ein paar erfrischende Wassertropfen Deine Stirn benetzt und sie kühlen. Du fühlst Dich völlig erfrischt, klar und entspannt, fühlst eine wohltuende Schwere und Wärme und sie erfüllen Deinen Körper. Sauerstoff durchströmt Deinen ganzen Körper. Atme die saubere und klare Seeluft ein und sauge die Meeresatmosphäre in Dich auf. Spüre, wie die

Sonnen Deinen Körper wärmt. Du fühlst dich vollkommen geborgen und zufrieden. Ein Gefühl von Geborgenheit wird Dich auf der Reise zurück ins Hier und Jetzt begleiten. Du fühlst die warmen Strahlen der Sonne, Sie erfüllen Dich. Spüre dieses Gefühl des Glücks und die Schwere deines entspannten Körpers.

Kehre nun gedanklich zurück aus der Welt der Phantasie, verabschiede Dich. Spüre deinen Atem, Du atmest ein und aus und Dein Brustkorb hebt und senkt sich.

Balle Deine Fäuste, gib leicht Kraft hinein, atme tief ein und aus. Öffne nun die Augen, atme nochmal ganz tief und behalte die Freude bei Dir.

Phantasiereise 2: Herbstspaziergang

Setz Dich ganz bequem hin. Suche Dir eine Position, in der Du Dich wohl fühlst. Atme tief ein und wieder aus. Wir reisen nun gedanklich und in Deiner Phantasie durch den Herbst.

Du befindest Dich in einem atemberaubend schönen Herbstwald. Die Blätter an den Bäumen leuchten in allen Farben des Herbstes. Es ist ein schöner warmer Herbsttag und durch die Bäume scheinen die Strahlen der Sonne in den Wald hinein. Alles glänzt und funkelt und leuchtet bunt. Auf dem Boden liegen viele bunte Blätter, denn die ersten Bäume werfen bereits ihre Blätter ab. Schaue Dir einmal den Boden unter Dir etwas genauer an. Vor Dir liegen viele verschiedene Blätter, Eichenblätter, Kastanienblätter, Haselnüsse, alles liegt vor Dir auf dem bunten herbstlichen Waldboden.

Ein paar Blätter, die Dir besonders gut gefallen, hebst Du auf und nimmst sie mit nach Hause zum Trocknen. Du schaust wieder nach oben und entdeckst plötzlich ein kleines Eichhörnchen. Es knackt in aller Ruhe ein paar Nüsse. Ein friedlicher Anblick.

Du nimmst nun die Blätter und machst Dich wieder auf den Heimweg.

Nimm noch einmal einen tiefen Atemzug und atme langsam wieder aus. Du spürst die Entspannung in Dir und fühlst Dich ausgeruht. Du hast jetzt genug Energie und Kraft für den Tag und kannst die kommenden Aufgaben gestärkt annehmen und meistern.

Phantasiereise 3: Entspannungsbad mit Schaumkrone

Du kommst nach Hause. Dein Arbeitstag war sehr anstrengend und Du bist erschöpft und müde. Du sehnst Dich nach etwas Ruhe und brauchst Entspannung. Du hast Lust auf ein warmes entspannendes Schaumbad und gehst ins Bad. Du lässt die Wanne mit Wasser volllaufen und legst Dir Deinen kuscheligen Lieblingsbademantel bereit. Du zündest ein paar Kerzen am und gießt langsam ein wohlriechendes Badeöl in Wasser. Dann steigst Du langsam in die Badewanne. Du spürst das warme Wasser und riechst den angenehmen Duft. Nun tauchst Du ein in das wohlriechende Schaumbad und gleitest immer tiefer in Wasser hinein, bis nur noch Dein Kopf rausschaut. Du bist von wohltuender Wärme umgeben und der Duft des Öls wirkt entspannend und beruhigend. Die Anspannung des Tages fällt langsam ab, sie gleitet in das Badewasser und dort lässt Du sie auch. Du spürst, wie Du loslassen kannst und Dein Kopf frei wird. Du bist ganz bei Dir.

Der Schaum auf der Wasseroberfläche bewegt sich wellenförmig langsam und ruhig hin und her und das Kerzenlicht flackert. Dadurch scheint es, als wären die Schaumkronen riesige Berge. Du denkst an Deinen letzten Urlaub mit einem lieben Menschen und an die schönen und langen Abende, die ihr zusammen verbracht habt. Abende, die sich anfühlen, als würde die Zeit stehenbleiben und die scheinbar nicht enden wollen. Du greifst nach dem Schaum und lässt die Schaumkrone durch Deine Finger gleiten. Es ist ein angenehmes Gefühl, der Schaum streichelt sanft Deine Haut.

Du nimmst noch einmal einen ganz tiefen Atemzug des Öl-Duftes und atmest ein und dann wieder aus. Du fühlst Dich leicht und entspannt. Du steigst nun langsam aus dem warmen Wasser heraus und ziehst deinen gemütlichen kuschelig warmen Bademantel an. Du pustest die Kerze aus und gehst entspannt und zufrieden aus dem Badezimmer.

Phantasiereise 4: Blumenwiese

Du befindest Dich plötzlich auf einer wunderschönen saftig grünen Wiese. Du lässt Deinen Blick über die Wiese schweifen und siehst die vielen wunderschönen Farben. Ganz tief atmest Du die frische Luft ein, Du genießt den Duft der Wiese um Dich herum. Etwas weiter weg entdeckst Du einen Platz, der Dir gut gefällt. Du gehst dort hin und während Du läufst, scheint die Sonne angenehm warm auf Dich. Die Wiese ist an dem Platz ganz besonders weich und noch ganz leicht benetzt vom Morgentau. Du lässt dich nun in das weiche Gras fallen und legst Dich gemütlich auf den Rücken. Du machst es Dir richtig bequem und schaust nach oben in den Himmel. Du genießt das Gefühl der Ruhe und nichts tun zu müssen. Die Vögel singen fröhlich und in den Blättern der Bäume rauscht sanft der Wind. Am Himmel ziehen langsam kleine Wolken vorbei. Du bist völlig entspannt und schließt die Augen. Du genießt einfach nur den Moment.

Um Dich herum liegt ein süßer Blumenduft in der Luft. Welche Blume mag diesen Duft wohl verursachen? Du schaust Dich um und entdeckst nicht weit von Dir eine traumhaft schöne Rose. Schmetterlinge fliegen von Blume zu Blume und spielen im sanften Wind mit anderen Insekten. Anschließend flattern Sie weiter über die grüne Wiese. Manchmal scheint ihr Flug anstrengend zu sein, als wäre es schwere Arbeit, dann wieder leicht, wie ein Blatt im Wind. Eine angenehme Wärme durchfließt Deinen Körper. Du nimmst langsam einen tiefen Atemzug und atmest ein und wieder aus. Gedanklich bist Du weit weg vom Stress, von Sorgen und Pflichten und vom Alltag und Dein Kopf ist frei. Die Natur ist ein toller Ort zum Entspannen, Du lässt alles los, bevor Du langsam aufstehst und wieder nach Hause gehst.

Phantasiereise 5: Sommerherz

Es ist ein toller, sonniger und warmer Sommertag. Du hast Urlaub und bist mit Freunden zum Schwimmen an einem Badesee verabredet. Du bist voller Vorfreude, packst Deine Sachen ein und fährst mit Deinem Fahrrad los. Deine Freunde freuen sich, Dich zu sehen und warten bereits auf Dich. Du legst Deine Decke auf den Boden und machst es Dir darauf bequem. Ihr plaudert eine Weile miteinander und Deine Freunde gehen schon mal zum Badestrand. Du bleibst noch ein wenig auf Deiner Decke liegen und genießt die wärmenden Strahlen der Sonne auf Deinem Körper. Dein Blick schweift zum Wasser und Du genießt es, die glitzernden Sonnenstrahlen auf der Wasseroberfläche zu beobachten.

Du stehst auf, nimmst Deine Luftmatratze und gehst hinunter zum Strand. Der Sand unter Deinen Füßen ist angenehm warm. Mit den Füßen tastest Du vorsichtig das Wasser, es ist erfrischend kühl. Kleine Wellen umspülen sanft und warm Deine Füße. Du gehst ins frische Wasser und legst Dich mit dem Rücken auf die Luftmatratze. Die Wellen tragen Dich sanft übers Wasser und Du atmest ganz ruhig. Du fühlst Dich leicht und unbeschwert. Du lässt Deine Hände neben Dich ins Wasser gleiten und bist schwerelos. Du spürst die Wellen unter Dir, wie sie sanft vom Wind herangetragen werden. Die wärmenden Strahlen der Sonne streicheln Deinen Körper und es tut Dir gut.

Du bist von Wasser umgeben und lässt Dich sanft darauf treiben. Du fühlst Dich geborgen und in Sicherheit. Am Himmel ziehen kleine Schäfchenwolken vorbei. Du beobachtest sie und freust Dich über die wundersamen Gestalten, in die sie sich verwandeln. Du entdeckst einen Elefanten mit großen Ohren, eine leckere Torte mit Kerzen und ein Kind, das ein Eis in der Hand hält. Dann nimmt eine Wolke die Gestalt eines Herzes an. Dieses beobachtest Du etwas länger, denn es gefällt Dir besonders gut. Du legst Deine Hand auf Deine Brust und fühlst Deinen eigenen Herzschlag. Es klopft ganz ruhig und gleichmäßig. Durch Deinen Körper fließt eine angenehme Wärme und über Deine Lippen huscht ein

Lächeln. Dein Herz ist nun offen. Plötzlich fühlst Du unter Dir den warmen weichen Sand. Die Wellen haben Dich zurück ans Ufer gespült. Nun steigst Du langsam von Deiner Luftmatratze ab und fühlst Dich leicht und unbeschwert. Von weitem winken Dir Deine Freunde zu. Dein Herz springt vor Freude und nun gibt es kein Halten mehr. Voller Freude rennst Du auf Sie zu.

Phantasiereise 6: Der rote Ballon

Du befindest Dich auf einer grünen Sommerwiese und unter Dir liegt eine weiche Wolldecke. Du sitzt ganz bequem darauf und genießt die Atmosphäre und genießt es, Dich auszuruhen. Du atmest ruhig ein und aus und mit jedem Atemzug wirst Du mehr und mehr entspannt. Du lässt alle Anspannung mit jedem Atemzug los. Du genießt die warmen Strahlen der Sonne, die weiche Decke unter Dir und siehst das grüne Gras und die vielen bunten Blumen in der Wiese. Du genießt den Duft und lauschst dem Zwitschern der Vögel. Du siehst ein paar bunte Schmetterlinge mit Leichtigkeit durch die Wiese fliegen und über Dir den blauen Himmel. Du nimmst die Umgebung völlig in Dich auf.

Nun schaust Du zu Deinen Füßen und siehst dort eine große stabile Holzkiste mit einem Deckel stehen. Du beugst Dich vor zu ihr und weißt, dass Du nun in diese Kist alles hineinpacken kannst, was Dich bedrückt oder auf dem Herzen liegt – alles, was Dir Sorgen macht, Gedanken, Probleme, alles, was Dich belastet. In der Kiste ist ganz viel Platz, es kann immer noch mehr hinein, alles was Dich belastet. Die Kiste hat genau die richtige Größe für alles, was Dich im Moment bedrückt.

Fühle nun genau, ob wirklich alles in der Kiste drin ist, was du dort hineinpacken möchtest, lasse nichts aus, packe alles hinein. Und wenn Du sicher bist, dass alles in der Kiste drin ist, dann mach den Deckel ganz fest zu und nimm Dir das große Vorhängeschloss, was außen an der Kiste dran hängt. Verschließe damit die Kiste ganz fest.

Steck den Schlüssel in die Tasche, dann kannst Du Ihn später wieder hervorholen oder aber einfach verlieren. Vielleicht ist es Dir auch lieber, den Schlüssel jetzt schon einfach wegzuwerfen, in einen Fluss oder ins Meer.

Du schaust nun nach links und entdeckst dort einen großen roten Ballon, der an einer dicken Schnur befestigt ist. Du fasst die Schnur an und merkst den kräftigen Zug. Du machst den Ballon ab und bindest das freie Ende um die Kiste. Ganz fest und sicher, sodass er auch wirklich hält. Wenn Du der Meinung bist, dass der Ballon gut befestigt ist, lässt Du ihn los. Mit einem kurzen Ruck zieht der Ballon die Kiste langsam nach oben in die Luft. Sie steigt immer höher und höher. Du verfolgst die Kiste und den Ballon, wie er immer höher steigt und immer höher und immer höher in Richtung Himmel. Er beginnt, kleiner zu werden, bald ist er nur noch ein kleiner Punkt am Himmel, und er wird kleiner und verschwindet dann ganz.

Du bist immer noch auf der Wiese und fühlst Dich erleichtert und frei. Du genießt dieses Gefühl der Erleichterung.

Und wenn Du nun gleich in den Alltag zurückkommst, dann kannst Du die Kiste weit weg und verschlossen lassen.

Du stehst nun langsam auf, nimmst Deine Decke und machst Dich auf den Heimweg.

Fünf Achtsamkeitsübungen für den Alltag

Der Begriff Achtsamkeit hat eigentlich keine andere Bedeutung als Aufmerksamkeit. Man schenkt dabei seine Aufmerksamkeit den Dingen um uns herum und zwar so wie sie sind, ohne das Gefühl, sie verändern zu wollen und ohne zu bewerten. In Situationen, in denen es uns ohnehin schon nicht gut geht, fällt einem dies leider nicht besonders leicht und die negativen Gedanken in unserem Kopf machen sich selbstständig und wir grübeln über die Vergangenheit und quälen uns mit Ereignissen herum, die zukünftig vielleicht passieren könnten. Danach ärgern wir uns über uns selber, dass wir wieder zu viel Zeit für Grübelei verschwendet haben. Doch Gedanken kommen und gehen immer wieder, das liegt in unserer Natur. Das Gedankenkarussell beginnt erst, wenn wir unsere Gedanken vor etwas verschließen oder wenn wir eine Situation zu sehr bewerten. Denn meist sind es gar nicht die Dinge oder bestimmte Situationen an sich, die in uns bestimmte Gefühle oder Ängste wecken, sondern es ist unsere Einstellung zu den Dingen und was wir darüber denken. Wenn Sie es schaffen, auch unangenehme Gedanken zuzulassen, ohne diese zu bewerten oder lange darüber zu grübeln und sich abzulenken, können Sie Ihren Stresspegel senken. Ein sehr gutes Hilfsmittel in solchen Situationen ist Meditation.

Achtsamkeit kann man mit speziellen Achtsamkeitsübungen trainieren. Diese können Ihnen dabei helfen, Ihre Gedankenwelt zu sortieren und die Kontrolle darüber bewahren, dass die Gedanken nicht Ihr Leben bestimmen. Sie spüren dabei bewusst Ihren Körper, Ihre Sinne, Ihre Bedürfnisse und Gefühle und lernen immer mehr, Stress einfach vorbei ziehen zu lassen. Um mehr Achtsamkeit zu erlangen, bedarf es aber einer gewissen Übung und nur, wenn Sie immer dran bleiben, werden Sie mehr und mehr den Erfolg der Übungen spüren

Die hier aufgeführten Achtsamkeitsübungen sind sehr gut für Unerfahrene auf dem Gebiet der Meditation geeignet und beanspruchen auch nicht viel Zeit.

1. Mit Meditation positiv in den Tag starten

In nur ein paar Minuten können Sie bereits mit einer guten Portion Positivität in den Tag starten. Am besten eignet sich dafür der Zeitpunkt direkt nach dem Wachwerden.

Bleiben Sie entspannt mit geöffneten Augen liegen und atmen Sie einige Male ganz tief und bewusst ein und aus. Machen Sie Ihre Augen zu und lenken Sie Ihren Fokus auf Ihren Körper und Ihre Stimmungslage. Durchleuchten Sie mit Ihren Gedanken einmal Ihren ganzen Körper vom Kopf bis zum Fuß und nehmen Sie Ihren Körper und wie er sich anfühlt wahr. Welche Gedanken kreisen dabei in Ihrem Kopf?

Bei dieser Achtsamkeitsübung geht es einzig und allein um die Wahrnehmung. Mit dieser kurzen Meditationsübung beziehungsweise Achtsamkeitsübung trainieren Sie, die Gedanken und Gefühle schweifen zu lassen und nicht daran hängen zu bleiben. Lassen Sie unangenehme Gedanken einfach ziehen, ohne große Kraft aufzubringen und sich mit aller Gewalt dagegen zu wehren. Dies gelingt dadurch, indem Sie wahrnehmen, wenn Sie an einem bestimmten Gedanken hängenbleiben. Dann richten Sie Ihre Wahrnehmung auf das nächste Körperteil oder auf Ihre Atmung. Sie bemerken beim Loslassen sicher bewusst Gedanken, die Sie beschäftigen.

Natürlich bedarf Meditation auch etwas Training, doch wenn Sie durchhalten, wird sich dies positiv auf Ihre Leben auswirken, denn diese Übung kann in stressigen Situationen beruhigend wirken und macht den Kopf frei.

Wenn Sie den Tag am Morgen bereits mit einem freien Kopf beginnen, macht das glücklich. Diese Übung eignet sich daher hervorragend als Morgenmeditation für einen guten Start in den Tag. Sie können die Übung natürlich noch mit weiteren ganz persönlichen Morgenritualen erweitern, wie zum Beispiel:

- erstmal ausgiebig recken und strecken
- vielleicht mit jemandem kuscheln
- Fenster öffnen, frische Luft reinlassen und ein paar tiefe Atemzüge nehmen
- machen Sie doch morgens schon mal Ihre Lieblingsmusik an
- trinken Sie ein Glas frisches Wasser, das regt den Körper an und

Alles, wodurch schon am Morgen gute Laune verbreitet wird, ist gut.

2. Die einfachen Alltagsdinge

Achtsamkeitsübungen gehen eigentlich immer und überall, egal, ob beim Duschen, beim Essen, auf dem Weg ins Büro oder beim Warten. Wie fühlt sich zum Beispiel die Zahnbürste im Mund an? Welche Geräusche entstehen dabei? Wie schmeckt die Zahnpasta? Konzentrieren Sie sich einfach auf eine einzige Sache, also genau das Gegenteil von Multitasking, was wir meist den ganzen Tag über tun. Und genau dieses Fokussieren auf eine Sache ist der Weg zu mehr Achtsamkeit im Leben. Ihr Gehirn blendet dabei das Gewimmel um Sie herum einfach aus und konzentriert sich nur auf eine Sache und das tut gut.

Gerade beim Essen ist das eine gute Maßnahme, denn meist essen wir viel zu schnell, unter Stress und mit Zeitdruck und vergessen dabei ganz, das, was dem Gaumen eigentlich eine Freude bereiten soll, zu genießen. Versuchen Sie mal bewusst und ganz langsam zu essen. Beschreiben Sie dabei, was Sie schmecken, wie sich das Essen im Mund anfühlt und was Sie dabei empfinden.

Gleiches funktioniert auch auf dem Weg zur Arbeit. Spüren Sie doch, mal wie sich beim Gehen der Boden unter den Füßen anfühlt. Wie bewegen sich Ihre Arme beim Gehen? Halten Sie doch mal Ausschau nach besonders auffälligen Dingen in Ihrer Umgebung. Sie werden dabei sicher Dinge und Details entdecken, die Ihnen zuvor nicht aufgefallen sind. Fühlen, lauschen und riechen Sie einfach nur.

3. Steinmeditation

Auch, wenn es Ihnen vielleicht zunächst merkwürdig erscheint, ist es doch gar nicht so verrückt, wie es sich anhört. Das Sammeln von Steinen ist ohnehin ein beliebtes Hobby für Groß und Klein, warum also nicht auch zum Entspannen nutzen.

Wenn Sie also wieder einen Spaziergang machen, sammeln Sie Steine. Egal welche Form, Größe oder Farbe. Suchen Sie sich zu Hause einen Stein aus und gehen Sie damit an einen ruhigen und gemütlichen Platz.

Nun können Sie sich den Stein genau und ganz in Ruhe anschauen und mit allen Sinnen wahrnehmen. Wie sieht der Stein aus, welche Farbe hat er und wie fühlt er sich an? Hat er Unebenheiten, Ecken oder Kanten. Ist er rau oder glatt? Riechen Sie auch mal daran. Welche Geräusche macht der Stein, wenn Sie ihn aufklopfen? Schließen Sie dabei am besten auch die Augen, dies schärft Ihre Sinne.

Nun denken Sie sich eine kleine Geschichte zu dem Stein aus. Wo mag er herkommen, welche Reise hat er vielleicht schon hinter sich und was hat er alles erlebt. Und schon geht es los auf eine entspannende Fantasiereise.

4. Den Atem fließen lassen

Eines der wichtigsten Instrumente für Achtsamkeitsübungen ist die eigene Atmung, denn der Atem ist immer da und durchströmt uns. Während der Atemübung liegt der Fokus auf dem Atemverlauf durch unseren Körper von dem Zug durch die Nasenlöcher, der Erweiterung des Brustkorbs bis zum Wölben der Bauchdecke. Man spürt dem Atemzug in seinem Fluss nach. Es kommt dabei nicht darauf an, möglichst tief ein- und auszuatmen, im Gegenteil.

Atmen Sie einfach so, wie immer und beobachten Sie einfach, verändern Sie aber nichts. Nehmen Sie sich dabei mindestens ein Zeitfenster von fünf Minuten, gerne natürlich auch länger. Mit einem Wecker müssen Sie nicht ständig auf die Uhr schauen und können ganz in Ruhe loslassen und entspannen. Es ist auch wichtig, dass Sie bei dieser Übung nicht gestört werden, suchen Sie sich also einen ruhigen Ort, wo Sie ungestört sein können.

5. Tagebuch

Halten Sie in einem Tagebuch fest, was Sie im Hier und Jetzt erleben, zum Beispiel einen Spaziergang, eine entspannte Dusche oder ein schönes Essen mit Freunden. Egal, ob Sie nur Notizen machen oder einen ganzen

Text verfassen. Je öfter Sie Erlebnisse aufschreiben, desto mehr trainieren Sie Ihr Bewusstsein und Ihre Aufmerksamkeit.

Das Führen eines Tagebuchs ist außerdem ein super Ritual vor dem Einschlafen, denn es wirkt fördernd auf das Entstehen positiver Gedanken.

Quellenverzeichnis

- https://www.wertesysteme.de/gelassenheit/
- https://de.wikipedia.org/wiki/Sogyal_Lakar
- https://dasperspektivenwerk.de/gelassenheit-lernen
- https://hierfindichwas.de/gelassenheit-lernen-2/
- https://de.wikipedia.org/wiki/Maslowsche_Bed%C3%BCrfnishierarchie#Beschreibung_der_Bed%C3%BCrfnishierarchie
- https://hierfindichwas.de/gelassenheit-lernen-2/schritt-1-die-innere-ruhe-finden-wie-geht-das-2/
- https://gelassenheit-lernen.com/wp-content/uploads/2017/08/Arbeitsblatt_1_4_Gelassenheit_lernen_com.pdf
- https://gelassenheit-lernen.com/wp-content/uploads/2017/08/Arbeitsblatt_2_1-2_2_Gelassenheit_lernen_com.pdf
- https://gelassenheit-lernen.com/wp-content/uploads/2017/08/Arbeitsblatt_2_4_Vertrag_Gelassenheit_lernen_com.pdf
- https://gelassenheit-lernen.com/wp-content/uploads/2017/08/Arbeitsblatt_3_1-3_2_Gelassenheit_lernen_com.pdf
- https://paradiesblog.de/mutmacher-april-2018
- https://paradiesblog.de/mutmacher-juni-2018
- https://www.landsiedel-seminare.de/coaching-welt/wissen/lexikon/kommunikation.html
- https://www.karriere.at/c/entspannungsuebungen
- https://www.gutzitiert.de/zitat_autor_reinhold_niebuhr_thema_gleichmut_zitat_10352.html
- https://hierfindichwas.de/kinder/phantasiereisen-reisen-in-

das-eigene-wunderland/

- https://hierfindichwas.de/kinder/phantasiereise-am-meeres-strand/
- https://dietrauminsel.net/traumreisen-2/
- https://www-de.scoyo.com/eltern/familie/freizeit/achtsam-keitsuebungen-fuer-kinder
- https://www.yogaeasy.de/artikel/anti-stress-yoga-10-uebun-gen-mit-sofort-effekt

Wir danken Ihnen für Ihr Interesse und Ihr Vertrauen. Als Dankeschön dafür, haben wir eine besondere Überraschung. Sie möchte innere und äußere Balance erlangen? Dann haben wir genau das richtige für Sie: **Einen Guide zur inneren & äußeren Balance**. Das Beste: Sie erhalten diese vollkommen kostenlos. Das klingt wunderbar? Dann warten Sie nicht lange und holen Sie sich Ihr Gratis-Geschenk.

Hier geht es zu Ihrem Gratis-Geschenk:

https://forms.gle/mDuLAyX7FPWiYuwK7

1. **Öffnen Sie die Kamera-App auf Ihrem Smartphone und richten Sie die Kamera auf den QR-Code.**
2. **Klicken Sie auf den Link, der Ihnen angezeigt wird und schon werden Sie zur Website weitergeleitet.**

Impressum

Herausgeber: Orbita Media Verlag GmbH & Co. KG / Ericusspitze 4 / 20457 Hamburg
Kontakt: kontakt@empireofbooks.de
Website: https://empireofbooks.de
Coverbild: Shutterstock

Haftungsausschluss:
Die Nutzung dieses Buches und die Umsetzung der enthaltenen Informationen, Anleitungen und Strategien erfolgt auf eigenes Risiko. Der Autor kann für etwaige Schäden jeglicher Art aus keinem Rechtsgrund eine Haftung übernehmen. Haftungsansprüche gegen den Autor für Schäden materieller oder ideeller Art, die durch die Nutzung oder Nichtnutzung der Informationen bzw. durch die Nutzung fehlerhafter und/oder unvollständiger Informationen verursacht wurden, sind grundsätzlich ausgeschlossen. Rechts- und Schadenersatzansprüche sind daher ausgeschlossen. Dieses Werk wurde sorgfältig erarbeitet und niedergeschrieben. Der Autor übernimmt jedoch keinerlei Gewähr für die Aktualität, Vollständigkeit und Qualität der Informationen. Druckfehler und Falschinformationen können nicht vollständig ausgeschlossen werden. Es kann keine juristische Verantwortung sowie Haftung in irgendeiner Form für fehlerhafte Angaben vom Autor übernommen werden. Die bereitgestellten Analysen, Vorschläge, Ideen, Meinungen, Kommentare und Texte sind ausschließlich zur Information bestimmt und können ein individuelles Beratungsgespräch nicht ersetzen. Alle Informationen dieses Buches entsprechen dem Kenntnisstand zum Zeitpunkt des Verfassens dieses Buches. Eine Haftung für mittelbare und unmittelbare Folgen aus den Informationen dieses Buches ist somit ausgeschlossen.
Informieren Sie sich weitläufig aus unterschiedlichen Quellen und bedenken Sie, dass am Ende nur Sie für die Entscheidungen verantwortlich sind.

Urheberrecht:

Haftung für externe Links:
Unser Angebot enthält Links zu externen Websites Dritter, auf deren Inhalte wir keinen Einfluss haben. Deshalb können wir für diese fremden Inhalte auch keine Gewähr übernehmen. Für die Inhalte der verlinkten Seiten ist stets der jeweilige Anbieter oder Betreiber der Seiten verantwortlich. Die verlinkten Seiten wurden zum Zeitpunkt der Verlinkung auf mögliche Rechtsverstöße überprüft. Rechtswidrige Inhalte waren zum Zeit-punkt der Verlinkung nicht erkennbar.